L'EXTRAORDINAIRE POUVOIR DES BOUGIES

Osiris

L'EXTRAORDINAIRE POUVOIR DES BOUGIES

ÉDITIONS DE VECCHI S.A.
20, rue de la Trémoille
75008 PARIS

Malgré l'attention portée à la rédaction de cet ouvrage, l'auteur ou son éditeur ne peuvent assumer une quelconque responsabilité du fait des informations proposées (formules, recettes, techniques, etc.) dans le texte.
Il est conseillé, selon les problèmes spécifiques – et souvent uniques – de chaque lecteur, de prendre l'avis de personnes qualifiées pour obtenir les renseignements les plus complets, les plus précis et les plus actuels possible.

Traduction : Raffaella Ruggieri

Imprimé en Espagne

INTRODUCTION

Au cours de ces dernières années, les bougies, en tant que moyen d'éclairage avec une signification magique et rituelle, ont reconquis le rôle important qu'elles avaient déjà eu par le passé et qui, petit à petit, s'était éteint.

Dans les civilisations anciennes, les bougies étaient utilisées pour vénérer et adorer les divinités, mais c'est la religion chrétienne qui les a définitivement consacrées dans l'histoire. En effet, il s'agit là d'un cadre dans lequel, au cours des siècles, les bougies n'ont jamais perdu leurs fonctions et, depuis quelques années, elles sont redevenues un élément magique essentiel dans la célébration de tous types de rituels liés aux croyances humaines.

Dans ce contexte, les bougies sont vendues aujourd'hui dans les églises et les magasins spécialisés, et l'acquéreur est de plus en plus exigeant en ce qui concerne les sortes de bougies, les formes et les dimensions. Les raisons de tout cela sont multiples et souvent opposées.

Il y a, par exemple, des personnes qui préfèrent accomplir des pratiques religieuses dans l'intimité de leur habitation et qui réalisent dans ce but de véritables petits autels afin de pouvoir prier différents saints. D'autres pratiquent des rituels magiques en invoquant un esprit particulier pour être aidées ou protégées et pour bénéficier d'amour et de santé. Ces dernières savent ou bien ont l'intuition que la couleur de la bougie, le jour de la semaine où s'accomplit le rituel et la disposition de tous les éléments qui font partie de la cérémonie peuvent avoir une influence sur le résultat de l'invocation et sur l'aboutissement de l'objectif. Le but de ce livre est justement d'expliquer ces pratiques.

LES BOUGIES ET LA LUMIÈRE INTÉRIEURE

Quelles sont les motivations intimes qui poussent une personne à utiliser une bougie dans ses prières, ses adorations ou divinations ? Il est bien entendu impossible d'établir les motivations de chaque personne ; cependant, en général, on peut dire que chacun d'entre nous cherche une réponse dans une dimension qui dépasse la dimension humaine. Chaque personne cherche une lumière, un guide, quelque chose de supérieur en qui croire, à qui elle peut demander ; pourquoi donc ne pas le faire au moyen d'une bougie en utilisant le feu comme élément purificateur ?

Dans la religion chrétienne la lumière a toujours été considérée comme symbole de l'union entre l'homme et Dieu, tout comme dans les civilisations anciennes le feu était considéré comme un élément spirituel et une énergie sans cesse renouvelée de la nature.

Le feu et la lumière sont justement les deux éléments qui caractérisent la bougie, un instrument créé par l'homme qui, dans sa quête vers la signification de son être, se sert de cet objet pour forger son propre destin. Une personne allume une bougie pour que celle-ci, entre autres services, éclaire son parcours de libération spirituelle.

Les raisons de cette tendance, de plus en plus répandue, résident probablement dans le mode de vie actuel imposé par le progrès scientifique et technologique de l'humanité.

En général, de nos jours, notre existence, les exigences dictées par la société et par les rapports qu'elle instaure ne nous permettent pas de faire une pause dans notre chemin, de nous arrêter pour réfléchir sur l'essence de l'être, sur la spiritualité ; mais, par ailleurs, ces aspects communs à toutes les civilisations ne peuvent pas facilement disparaître, parce qu'ils font partie de l'hérédité génétique du genre humain.

Les savants et les philosophes les plus importants de l'histoire de l'humanité n'ont pas pu démontrer l'inexistence de Dieu ou d'un être spirituel inaccessible à l'espèce humaine.

Suivant une voie tracée par une société où trônent la rationalité et le scientifique, et où l'intérêt pour la dimension spirituelle a été abandonné, on se rend compte que le désir de reprendre délibérément le chemin de la recherche intérieure se fait de plus en plus sentir. Les bougies peuvent nous aider dans cette recherche.

UN RITE MILLÉNAIRE

Les bougies peuvent avoir la fonction que l'on donnait aux étoiles par le passé. À partir de la contemplation des étoiles et des astres qui entraîne une série de questions sans réponses, on aboutit à la découverte de nouvelles planètes et de nouvelles galaxies, des satellites ont été mis en orbite, l'homme a foulé le sol

Autour du feu, dans les cavernes, les hommes primitifs ont commencé à célébrer des rituels et à réaliser des dessins, ce qui correspond aux antécédents des pratiques magiques

lunaire et plusieurs engins naviguent dans l'univers en quête de réponses à des énigmes inexplicables.

De même, la personne qui allume une bougie l'utilise, dans le plus profond de son être, comme un instrument pour effectuer une analyse introspective. Elle apprend à se connaître, elle élabore son propre système de valeurs et sa façon de penser et, enfin, elle s'engage dans la voie d'une recherche pour une connaissance approfondie, en suivant la lumière qui joue un rôle de guide.

Déjà dans l'Antiquité la plus lointaine, les sorciers, à la chaleur et à la lumière du feu, commencèrent à peindre des mains, des cercles, des figures énigmatiques, des animaux atteints par des flèches, et toute une série de symboles qui faisaient partie de différents rituels magiques. On peut supposer qu'autour de ces figures les membres de la tribu se réunissaient pour célébrer les cérémonies dont le but était d'invoquer la faveur des dieux au cours des chasses. Les peintures rupestres peuvent donc être considérées comme la première manifestation magique à la lumière du feu. Par la suite, avec la venue du christianisme, la bougie a acquis de nouvelles connotations, dérivant en partie des anciens rituels païens.

Quelques siècles plus tard, au cours du Moyen Âge, l'ésotérisme connut une nouvelle impulsion, et à partir de cette époque la bougie est redevenue un élément clé dans la célébration des rites ésotériques.

UN LIVRE PRATIQUE

Dans les pages qui suivent, nous allons montrer de quelles façons peuvent être utilisées les bougies et quels sont les effets que l'on arrive à produire par l'invocation à l'aide de celles-ci ; en outre, nous allons examiner les couleurs et leur utilité, les rituels, les oracles, les superstitions et la méthode de fabrication des bougies.

Ce livre explique de quelle façon il est possible, grâce à des traditions anciennes, d'utiliser une bougie comme instrument pour atteindre des objectifs nouveaux dans la spiritualité de l'être humain, et comment le symbolisme magique de la bougie peut constituer une aide dans le parcours difficile qui mène à la réalisation personnelle.

UNE HISTOIRE TRÈS ANCIENNE

L'origine des bougies remonte à l'époque du feu, une des découvertes les plus importantes de l'humanité. L'ancienneté du feu apparaît dans le fait qu'il n'existe aujourd'hui aucun peuple « primitif » qui ne le connaisse pas ; en outre, toutes les populations de la terre sont en mesure de « produire du feu », excepté les habitants des îles Andaman (cette connaissance aurait été, paraît-il, perdue au cours de leur histoire) ; si nous accordons un crédit aux innombrables mythes et légendes se rapportant au feu, nous devons reconnaître que sa découverte ne se compte pas parmi les premières.

Le processus suivi par l'homme primitif pourrait être le suivant : dans un premier temps il observait le feu comme l'un des nombreux phénomènes de la nature – considérés comme un don ou une punition divine – qui se manifestait sous forme d'étincelles, d'éruptions volcaniques, d'incendies provoqués par la foudre, etc. ; il trouva ensuite un moyen pour conserver et alimenter ce phénomène, considéré comme magique selon une croyance transmise ensuite au cours des siècles ; enfin, il parvint à le « produire » par le biais de différents systèmes.

La découverte et l'utilisation du feu ont eu de nombreuses conséquences utiles. La lumière et la chaleur qu'il dégage donnèrent à l'homme la possibilité de ne plus vivre dans l'obscurité et de combattre le froid ; cela permit également à l'humanité de s'installer dans des lieux inhospitaliers, comme les régions polaires. Le feu est aussi devenu une arme défensive contre les animaux et les membres d'autres tribus. Il a ensuite servi à cuire la nourriture, et alimenté par la graisse animale il commença à scintiller – magique et éternel – dans les premières lampes en pierre qui peuvent être considérées comme les « aïeules » des bougies.

Grâce à toutes ces caractéristiques, et puisqu'il était utilisé pour tuer mais également pour soigner, le feu commença à être considéré comme un élément magique ; au même moment, les hommes primitifs réunis autour de grands feux nocturnes commencèrent à s'interroger sur ses mystères.

UN ÉLÉMENT IRREMPLAÇABLE

À partir du moment où l'homme apprit à faire le feu et à le maîtriser, son utilisation acquit une importance énorme. Toutes les civilisations se sont servies du feu pour exercer leur domination et pour étendre leur influence sur d'autres peuples. À partir des torches primitives ointes de graisses animales on passa aux flambeaux avec de la résine, alors que les feux de camp étaient alimentés par du bois. Les Égyptiens, les Assyriens, les Phéniciens ensuite et, plus tard, les Grecs et les Romains utilisèrent l'huile comme combustible.

La lumière, l'une des premières utilisations du feu, devint un élément d'importance capitale. Il existe des preuves que l'éclairage naquit à Athènes et plus précisément dans les maisons de prostitution de la ville ; cette coutume fut curieusement reprise dans la civilisation romaine. En outre, Athènes pour la première fois dans l'histoire adopta l'éclairage de la ville à l'occasion d'une célébration religieuse qui avait lieu une fois par an en l'honneur des dieux Athéna et Prométhée ; ceci constitue le premier témoignage de l'utilisation de la lumière sur un autel destiné au culte.

LES PREMIÈRES BOUGIES

Il est difficile d'établir quelles furent les premières civilisations à créer et à utiliser les bougies telles que nous les connaissons aujourd'hui. Il est tout aussi difficile de déterminer la raison pour laquelle elles furent créées.

Il ne fait aucun doute que les anciens druides (prêtres celtes) dispensaient déjà leur enseignement à leurs disciples dans des cavernes éclairées. Il est en outre bien connu que la civilisation celte a beaucoup utilisé la lumière et le feu dans les célébrations rituelles consacrées aux divinités, comme celle du 1er novembre (premier jour de l'année celte), ou celle du 2 février (célébration en l'honneur de la déesse Grigit) ; ces deux fêtes furent adoptées par la suite par la religion chrétienne en devenant le jour de la Toussaint et la fête de la chandeleur.

Les Étrusques utilisaient également les bougies qu'ils fabriquaient à l'aide de cire et de suif, et de l'étoupe ou des roseaux pour la mèche. À Rome on utilisait de grandes bougies sur les autels consacrés aux divinités et également pour éclairer les demeures des hauts dignitaires.

Selon certains historiens, après les persécutions des chrétiens par les Romains, la fonction principale de la bougie (c'est-à-dire l'utilisation pour l'éclairage) s'enrichit d'une signification magique et religieuse. Dans les anciennes peintures des catacombes, des bougies étaient déjà représentées sur les autels des martyrs et semblent être l'une des origines de leur utilisation dans la liturgie chrétienne (même s'il est plus probable qu'il ne s'agisse que d'une simple adaptation des habitudes païennes).

D'autres historiens attribuent par contre à la tradition hébraïque l'utilisation des bougies dans les cérémonies religieuses, et le chandelier à sept branches est en effet l'un des symboles les plus anciens de cette utilisation.

En ce qui concerne le christianisme – la religion qui a dominé en Occident au cours des siècles –, il existe une documentation abondante et satisfaisante sur l'existence et l'emploi des bougies pendant les cérémonies. Au cours du IIIe siècle après J.-C., les bougies étaient déjà utilisées pour les cortèges funèbres et les baptêmes ; par la suite, certains papes en ont interdit l'utilisation dans les cimetières ; au cours du XIe siècle, on plaçait les bougies sur les autels et, plus tard, dans les cathédrales et les églises les plus importantes, elles étaient allumées toute la nuit pour les fêtes les plus significatives (Noël et Pâques).

L'origine du cierge de Pâques réside dans l'utilisation d'une colonne sur laquelle le patriarche d'Alexandrie, après avoir consulté les astrologues, écrivait la date du premier dimanche après le quatorzième jour de la lune de mars ; la colonne était ensuite envoyée au pape afin d'en recueillir l'approbation. Cette tradition fut ensuite remplacée par celle du cierge allumé la nuit de Pâques.

Aujourd'hui, les inscriptions sur les bougies ne constituent plus une pratique essentiellement religieuse, mais appartiennent aussi à la célébration des invocations et des rituels magiques.

CROYANCES ANCIENNES À PROPOS DES BOUGIES

L'utilisation des bougies remonte donc à des temps très anciens, et cela aboutit au fait que chaque civilisation, chaque peuple, chaque culture, en donnant vie à différents rituels dont nous parlerons dans les chapitres qui suivent, a également associé certaines croyances aux bougies ou, si l'on préfère, certaines superstitions.

Par conséquent, on a développé différentes « théories » au sujet des aspects les plus communs de la vie : la chance et la malchance, l'amour, l'argent, les forces du mal, la mort, les adversités météorologiques, etc. Certains de ces aspects seront examinés de façon synthétique dans ce chapitre.

ADVERSITÉ MÉTÉOROLOGIQUE

• Afin d'éloigner le danger des tempêtes, il faut allumer une bougie bénite le jour de la Saint-Lazare.

• Une bougie qui a du mal à s'allumer ou ne s'allume pas du tout indique qu'un orage est imminent.

• Une flamme très claire annonce des gelées ou de la neige.

• Une bougie qui s'éteint tout de suite après avoir été allumée annonce la venue d'un vent fort.

• Les orages accompagnés de beaucoup de foudre sont annoncés par le crissement continu de la flamme de la bougie.

• Une bougie allumée qui produit un écoulement de cire peu important indique l'imminence d'une grave sécheresse.

AMOUR

• On obtient le véritable amour en allumant une bougie de couleur rose le jour de la Saint-Valentin (jour des amoureux).

• Afin d'attirer la personne aimée, il convient de placer une bougie rouge sur l'une de ses photos ou sur un dessin ; il convient ensuite de l'allumer et de la laisser se consumer en faisant en sorte que la cire reste collée au portrait de la personne aimée.

• Afin de revoir la personne aimée, il convient de laisser une bougie allumée à côté de la fenêtre.

• Pour reconquérir un amour perdu, il convient de placer sur une photographie ou un dessin du couple séparé (ou sur les deux photographies des personnes du couple) une bougie rouge et une bougie rose l'une à côté de l'autre ; on devra ensuite allumer les deux bougies en même temps, et attendre qu'elles se consument en laissant adhérer la cire fondue aux portraits.

• Pour savoir qui doit accomplir le premier pas pour une réconciliation amoureuse, il convient de suivre le procédé indiqué pour le cas précédent, en observant laquelle des deux bougies se consumera la première : si la bougie rose se consume la première, c'est à elle que revient l'initiative, dans le cas contraire il lui appartiendra de faire le premier pas.

• Si les deux amoureux se jurent un amour éternel à la lumière d'une bougie et que celle-ci ne s'éteint pas avant d'être complètement brûlée, leur amour durera à jamais.

CHANCE

• Le fait d'allumer une bougie en l'honneur d'un saint protecteur avant de commencer la journée de travail porte chance.

• Avant d'inaugurer une nouvelle maison, il est de bon augure d'allumer une bougie blanche à l'intérieur.

• Il est également de bon augure de laisser se consumer une bougie de couleur verte parfumée au gui.

• Cela porte bonheur d'allumer une bougie avec des allumettes en bois.

• C'est un bon signe si la flamme brûle la bougie de façon uniforme.

ESPRITS ET FANTÔMES

• Le fait de placer une bougie allumée à l'intérieur d'une courge évidée la nuit précédant le jour de la Toussaint éloigne les mauvais esprits.

• Le fait d'allumer différentes bougies la nuit de la Saint-Jean sert à réconcilier la personne avec des esprits invisibles.

• La flamme bleue d'une bougie indique le voisinage d'esprits bienveillants.

• Le fait d'allumer des bougies autour d'un défunt éloigne les mauvais esprits en permettant un passage heureux dans l'au-delà.

• Le fait d'allumer des bougies au moment des naissances et des mariages attire les bons esprits.

• La flamme très allongée d'une bougie indique la présence d'un bon esprit.

FÊTES ET CÉLÉBRATIONS

• Les gâteaux d'anniversaire sont par tradition décorés par des bougies, pour s'assurer de la chance jusqu'à l'anniversaire suivant.

• Les bougies qui brillent sur un sapin de Noël sont synonymes de paix, d'allégresse et de bonheur.

• À Noël, dans de nombreux pays, l'habitude de placer des bougies aux fenêtres afin de favoriser l'arrivée du Père Noël est encore très répandue.

• Si toutes les bougies allumées sur un gâteau d'anniversaire sont éteintes d'un seul souffle, le souhait formulé sera exaucé.

• Le fait d'allumer une bougie rouge le jour du solstice d'hiver sert à assurer une année entière de prospérité.

• Le fait de porter une bougie allumée sur l'autel le jour de la chandeleur facilite la solution des problèmes.

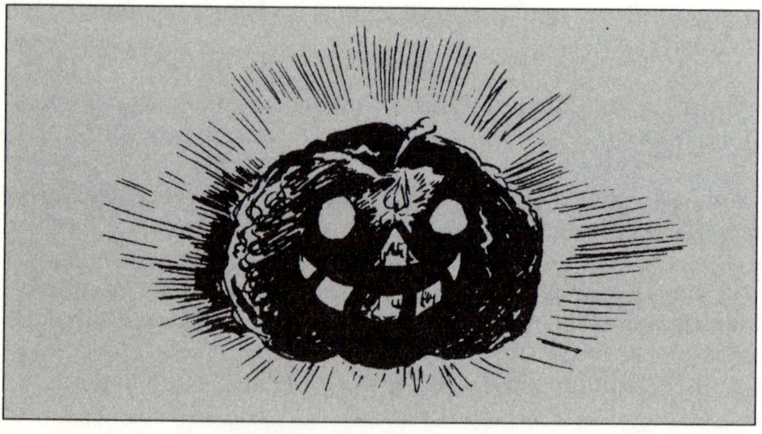

Aux États-Unis, pendant la nuit d'Halloween, on éloigne les mauvais esprits avec des courges évidées, à l'intérieur desquelles sont placées des bougies, selon une ancienne tradition importée de Grande-Bretagne

MALCHANCE

• Une bougie qui coule d'un côté est un signe de malchance pour celui qui se trouve dans cette direction.

• Le fait de laisser se consumer une bougie dans une pièce vide porte malheur.

• Le fait de casser une bougie est signe de mésaventure d'autant plus grande que les morceaux de bougie sont nombreux.

• Il est de mauvais augure d'allumer une bougie à partir d'un feu de cheminée ou d'un feu de camp.

• On croit que le fait d'allumer des bougies de couleur noire les mardis 13 porte malheur.

• Le fait d'allumer des bougies de cérémonie à d'autres fins porte malheur.

MARIAGE

• Pour s'assurer le bonheur dans le mariage, il convient d'allumer une bougie blanche le jour des noces.

• Si, par contre, au cours de la cérémonie nuptiale une bougie s'éteint, le mariage est destiné à l'échec.

• Pour connaître lequel des deux conjoints mourra le premier, il faudra allumer deux bougies en même temps : celui dont la bougie placée devant lui s'éteint le plus rapidement mourra le premier.

• Afin de vérifier la fidélité du conjoint il faut allumer une bougie dans la pièce ou l'endroit de la maison qu'il préfère : si la bougie s'éteint, la trahison est sûre.

• Le fait de rompre une bougie de façon accidentelle est le signe d'un mariage futur.

• Le mariage est destiné à subir une crise si une bougie allumée tombe accidentellement par terre.

MORT

• Une bougie qui s'éteint de façon inattendue avant d'être consumée est considérée comme le signe d'une mort imminente.

• Si la flamme de la bougie est petite et produit beaucoup de fumée, cela peut constituer également un présage de mort.

• Une bougie noire allumée la nuit de la Toussaint est associée à une mort prématurée.

• Le fait de conserver dans un tiroir une bougie cassée est associé à l'idée de mort accidentelle.

• Une bougie allumée qui s'éteint un instant pour reprendre par la suite indique une mort temporaire (arrêt cardiaque, catalepsie, etc.).

PROSPÉRITÉ ET RICHESSE

• Afin d'attirer la prospérité et la richesse, il conviendra d'allumer une bougie de couleur or ou jaune dans une nuit de pleine lune, en la laissant ensuite se consumer complètement.

• La personne recevant en cadeau une monnaie en or, un ruban rouge et une bougie verte s'enrichira.

• Une bougie dorée qui, en se consumant, laisse un sédiment de forme circulaire est signe de chance et de richesse à la maison.

• Quand la cire d'une bougie fond en laissant des traces séparées qui se réunissent à la fin, la richesse et la chance sont assurées.

• Si, par contre, la cire descend en formant une goutte unique qui se partage en ramification, la ruine sera totale.

RÊVES

• Le fait de rêver d'une bougie rouge allumée est indice de désir sexuel.

• Le fait de rêver d'une bougie blanche est symbole d'amour pur et spirituel.

• Si l'on rêve de bougies de couleur noire, la mésaventure s'acharnera sur la personne qui en aura rêvé.

• Le fait de rêver de cinq bougies de couleurs différentes est l'indice de bonheur futur.

• Le fait de rêver d'une bougie dorée laisse présager une chance imminente.

• Le fait de rêver d'une bougie allumée à moitié consumée avec une grande quantité de cire autour est synonyme d'un avenir heureux.

SANTÉ

• Les rituels pratiqués avec des bougies bleues servent à réduire le stress et soigner les infections, les brûlures, la diarrhée et la fièvre.

• La couleur blanche aide les mères pendant la période d'allaitement, favorise une récupération rapide des fractures osseuses et soulage les maux de dents.

• Pour célébrer des rituels de fertilité et soigner les animaux, les leucémies et les paralysies, il convient d'utiliser des bougies rouges.

• Le fait d'allumer des bougies roses contribue à soigner l'anxiété, la dépression, les troubles cardiaques, rénaux et auditifs.

• Une bougie verte peut favoriser la fertilité et résoudre des troubles rénaux.

• Les rituels pratiqués avec des bougies violettes favorisent les guérisons en général.

• Les effets bénéfiques d'une bougie de couleur argent sont associés à la capacité d'épurer le système lymphatique et de renforcer le système nerveux.

• Une bougie jaune agit positivement sur le système nerveux et l'appareil respiratoire, elle aide en outre à développer les capacités intellectuelles.

• Une bougie dorée protège tout l'organisme et en particulier la vésicule biliaire, le foie, le pancréas, les yeux et la tête.

• Les pieds et les organes génitaux sont les parties du corps intéressées par les effets bénéfiques de la bougie marron.

SPIRITUALITÉ ET PSYCHÉ

• Afin de célébrer des rituels concernant l'attraction entre les personnes, il est conseillé d'allumer des bougies jaunes.

• Pour favoriser les rêves prémonitoires, on utilise des bougies de couleur bleue.

• Pour les rituels divinatoires et pour alimenter la spiritualité, on doit utiliser des bougies blanches.

• La couleur or est adaptée au rituel visant à attirer l'influence des forces cosmiques.

• Le gris est la couleur la plus indiquée pour faire face aux énergies négatives.

• Les bougies de couleur noire sont adaptées pour neutraliser les maléfices.

• Les bougies roses sont idéales pour les conjurations liées à l'amour et à l'amitié.

• Les rituels des bougies violettes renforcent les manifestations de l'inconscient.

D'AUTRES CROYANCES

• Dans les églises on a, pendant très longtemps, utilisé exclusivement des bougies faites de cire d'abeille parce qu'on les croyait plus pures.

• Par le passé, on considérait comme le présage de calamités futures le fait qu'une personne autre que le prêtre allume trois bougies sur l'autel.

• Dans les temps anciens, on plaçait toujours une bougie allumée entre les doigts d'une personne morte pendue pour en capter les pouvoirs magiques.

• Certaines étincelles produites par une bougie indiquent l'arrivée de nouvelles provenant de très loin.

• Une flamme très allongée et fixe peut annoncer l'arrivée d'un inconnu.

LE SYMBOLISME DES BOUGIES

Dans l'un des chapitres suivants, nous examinerons en détail les couleurs des bougies, leurs significations et leurs différentes applications. Ici, nous allons donner la liste schématique des propriétés magiques des couleurs des bougies, en tenant compte également du rapport existant entre bougies et phases lunaires, signes du zodiaque, jours de la semaine et pierres précieuses. Ce chapitre sera donc une précieuse orientation pour tous ceux qui souhaitent pénétrer dans le monde magique des bougies, pour qu'ils puissent commencer à en connaître certains secrets ; ces secrets ont accompagné l'histoire de l'homme et, après avoir entièrement lu ce livre, même le profane pourra être initié aux techniques particulières décrites.

LES BOUGIES ET LES COULEURS

Argent : tout comme le noir, il neutralise les effets négatifs des conjurations et des rituels ; il sert en outre à attirer la protection divine et à favoriser la spiritualité.

Blanc : c'est l'une des couleurs fondamentales et il est utilisé dans les rituels de divination, exorcisme, clairvoyance et dans toutes les pratiques visant à renforcer la spiritualité de l'individu.

Bleu : les rituels avec des bougies de couleur bleue sont associés à la loyauté, à l'honneur, à la paix, à la protection et aux rêves prémonitoires.

Gris : dans les rituels avec les bougies, il s'agit de la couleur la plus indiquée pour neutraliser toutes les actions qui tendent à produire des énergies négatives.

Jaune : on l'utilise pour des rituels concernant l'attraction entre les personnes, le charme, la capacité de persuasion et la confiance réciproque.

Marron : on l'utilise pour pratiquer des conjurations dont le but est de protéger les membres de la famille et les animaux de compagnie, et pour augmenter la capacité de concentration.

Noir : il sert à combattre tout ce qui est négatif, comme, par exemple, les rituels de mauvais œil, les attaques personnelles ou toute autre action visant à entraver ou déstabiliser.

Or : c'est la couleur utilisée dans les rituels qui servent à attirer l'influence des forces cosmiques.

Orange : en utilisant les bougies de cette couleur il est possible de stimuler et renforcer les capacités énergétiques.

Rose : les bougies de cette couleur sont les plus indiquées pour les rituels d'amour, d'amitié et d'attraction non sexuelle.

Rouge : c'est la couleur par excellence des rituels de fertilité, d'amour, de santé, de force de volonté et de puissance physique.

Vert : cette couleur est indiquée pour invoquer la fertilité, la fortune, la prospérité, et tout ce qui est associé à un futur ou un avenir meilleur.

Violet : les rituels avec des bougies de cette couleur ont tendance à favoriser la guérison des personnes malades, à renforcer les manifestations de l'inconscient, et à favoriser la protection de la famille.

LES BOUGIES ET LES JOURS DE LA SEMAINE

Jour	*Couleur*
Lundi	blanc, noir
Mardi	rouge, argent, gris
Mercredi	jaune
Jeudi	or, marron
Vendredi	bleu clair, bleu, rose, violet
Samedi	vert
Dimanche	orange

Chaque jour de la semaine est associé à une couleur déterminée (et parfois à plusieurs) ; ceci est un autre facteur à prendre en considération lorsqu'on entreprend une cérémonie rituelle avec des bougies. Voici les premières correspondances entre les jours et les couleurs.

LES BOUGIES ET LES PHASES LUNAIRES

L'influence exercée par la lune dans les rituels et les conjurations célébrés avec des bougies (comme tout autre type de rite ancestral) est très importante. Pour cette raison il convient de rappeler que chaque cérémonie magique doit être pratiquée pendant la phase lunaire la plus propice.

Quart de lune croissante

Cela correspond à la période où les dimensions de la lune nouvelle augmentent progressivement pour arriver à la pleine lune. C'est la phase la plus indiquée pour mettre en œuvre toutes sortes d'invocations positives et toutes les conjurations associées à la fortune, à l'amour et au désir sexuel.

Pleine lune

Pendant cette phase, les facultés de perception des personnes dotées de pouvoirs extrasensoriels augmentent ; en outre, il s'agit du moment le plus approprié pour les invocations relatives à la fertilité et aux capacités divinatoires.

Quart de lune décroissante

C'est la période où les dimensions de la pleine lune diminuent progressivement jusqu'à atteindre la phase de nouvelle lune. C'est le moment le plus indiqué pour contrer les effets qui viennent d'être (ou vont être) provoqués par des conjurations maléfiques ainsi que pour neutraliser les problèmes de santé, les maladies, et en général tous les aspects indésirés – tant du point de vue physique que du point de vue émotionnel – nous concernant ou concernant les personnes vers qui le rituel est dirigé.

Nouvelle lune

Au cours de cette phase lunaire, il est conseillé de n'effectuer aucune sorte de conjuration ; étant donné que la lune est invisible aux personnes, c'est comme si elle n'existait pas : elle ne peut donc exercer aucun effet bénéfique et, par ailleurs, elle ne peut pas entraver la réalisation des rituels magiques.

LES BOUGIES ET LES PIERRES PRÉCIEUSES

Depuis les temps anciens, les pierres précieuses, en plus de leur fonction artistique et ornementale, ont toujours été utilisées pour des rituels magiques et de guérison. Elles peuvent en effet contribuer au renforcement de l'efficacité des invocations.

Nous allons indiquer par la suite, de façon schématique, les propriétés des principales pierres précieuses avec les caractéristiques et les applications qui les concernent.

Agate

Il s'agit d'une variété de silice qui est utilisée pour la beauté de sa couleur comme pierre ornementale. On dit qu'elle attire la chance et protège des dangers les personnes qui la portent. En ce qui concerne ses propriétés thérapeutiques, on lui attribue des vertus dans le traitement des céphalées, des douleurs menstruelles et des douleurs associées à la dentition. Elle est également bénéfique pour la fièvre, les maux d'estomac et l'épilepsie.

Aigue-marine

Il s'agit d'une variété de béryl, de couleur bleu transparent, très appréciée comme pierre précieuse. On dit que ceux qui la portent sont protégés dans les voyages en mer. Elle est utilisée, entre autres, pour soigner les dépressions, les maladies du foie, des oreilles et de la gorge, les maladies vasculaires et l'insomnie.

Ambre

Il s'agit d'une résine fossile de couleur jaune translucide, utilisée surtout pour les colliers et comme talisman porte-bonheur. Il existe également l'ambre noir ; parmi ses propriétés il a celle d'équilibrer l'organisme. À l'heure actuelle il est utilisé pour soigner l'acné et les maladies pulmonaires et respiratoires.

Corail

Il s'agit d'une structure calcaire constituée de petits animaux marins, les anthozoaires, les cœlentérés. Le corail, très apprécié comme ornement, peut être de couleur rouge ou rosée. Depuis l'Antiquité, il est utilisé comme amulette de protection. Il possède plusieurs propriétés thérapeutiques : il peut combattre les allergies, l'arthrite, les problèmes respiratoires, les dépressions et les dysfonctions sexuelles ; il peut en outre favoriser la fertilité.

Corindon

Il s'agit d'alumine naturelle cristallisée, d'une dureté légèrement inférieure à celle du diamant, qui est utilisée comme pierre précieuse. En ce qui concerne son utilisation comme amulette, le corindon était porté par les hommes qui souhaitaient accroître leur puissance sexuelle et par les femmes qui souhaitaient une grossesse. Utilisé à des fins thérapeutiques, il aide surtout à combattre la fatigue, les troubles sexuels, les douleurs menstruelles et aux seins, ainsi que les maladies circulatoires.

Diamant

Il s'agit de carbone pur cristallisé qui occupe la place la plus élevée dans l'échelle de la dureté. Il est très brillant et est considéré comme la pierre précieuse qui a le plus de valeur. Utilisé comme amulette, il confère de l'équilibre et de la sagesse à ceux qui le portent. Il est employé à des fins thérapeutiques dans les cas de problèmes cardiaques, d'insomnies et de dysfonctions de l'organisme en général.

Émeraude

C'est une variété de béryl (silicate de béryl et d'aluminium), de couleur verte, qui cristallise en prismes hexagonaux. Cette pierre précieuse était, dans l'Antiquité, celle qui représentait le mieux les tendances mystiques, puisqu'elle était utilisée également par les femmes pour éviter les avortements. Du point de vue thérapeutique, elle aide à combattre les dépressions, les dysfonctionnements du système immunitaire et la fièvre.

Grenat

C'est un nom qui désigne les minéraux d'un certain groupe se trouvant dans des roches métamorphiques et cristallisant dans des formes cubiques. Dans ce groupe se trouve le grenat rouge, considéré comme une pierre précieuse. En tant qu'amulette il était utilisé pendant le sommeil, pour se protéger des cauchemars. Pour ses propriétés il est utilisé pour soigner les douleurs de diverses natures, les allergies, les maladies rénales, les anémies et les dépressions.

Jade

C'est une pierre très dure de couleur blanchâtre ou verte avec des taches rouges ou violacées. Elle est particulièrement appréciée en bijouterie. En tant qu'amulette, elle était utilisée pour s'assurer la longévité, alors que, d'un point de vue thérapeutique, elle peut être utile pour soigner l'anxiété, les problèmes émotifs et les dysfonctions de l'appareil uro-génital.

Jais

Il s'agit d'une variété de lignite, très dure, de couleur noire, provenant des conifères fossilisés qui, après un nettoyage approprié, est utilisée pour créer des ornements (colliers et autres bijoux). Avec le jais on fabrique également des amulettes qui protègent des mauvais esprits. C'est une pierre particulièrement indiquée pour soigner les états d'hallucination, d'épilepsie et les troubles de l'estomac.

Lapis-lazuli

Il s'agit d'un minéral d'un bleu intense, formé de silicates d'aluminium, chaux et carbonate de sodium, utilisé comme pierre précieuse dans la fabrication de bijoux et d'objets ornementaux. Elle est considérée comme la pierre de l'amour par excellence et elle est souvent utilisée comme amulette. D'un point de vue thérapeutique, elle est indiquée pour soigner les dépressions, les maladies nerveuses, les inflammations, la migraine ainsi que la sclérose cérébrale.

Malachite

Ce minéral est un carbonate de cuivre de couleur verte, avec des tonalités parfois panachées. En tant qu'amulette, cette pierre était utilisée par le passé pour purifier le sang et éliminer la négativité. Elle a la propriété de combattre les maladies psychosomatiques et les problèmes de foie et de vessie.

Onyx

Il s'agit d'une agate avec des zones claires et foncées. Elle était souvent utilisée comme pierre précieuse sous forme de camée. En ce qui concerne son utilisation comme amulette, elle était souvent utilisée pour protéger la personne du malheur et pour lui donner du courage. Du point de vue thérapeutique, elle est utile en cas de problème psychologique et émotionnel, de troubles cardiaques et de fragilité osseuse, des ongles et de la peau.

Opale

Minéral composé de silicium, habituellement translucide, mais parfois complètement opaque ; sa caractéristique principale est sa brillance cirée, dans certains cas irisée. Les variétés transparentes sont très appréciées en bijouterie. Son utilisation en tant qu'amulette a soulevé beaucoup de controverses suivant les époques et les cultures : dans certains cas en effet, l'opale était utilisée comme talisman, alors que dans d'autres cas, étant considérée comme une source de malheurs, elle était méprisée. Ses propriétés thérapeutiques concernent le traitement de maladies graves, tumeurs et leucémies, mais également des rhumes, des grippes, et des troubles oculaires.

Rubis

Il s'agit d'une pierre précieuse de couleur rouge, qui constitue une variété de corindon. En tant qu'amulette, elle stimule l'énergie et la vitalité physique, alors que du point de vue thérapeutique elle est indiquée pour soigner les anémies, la dépression nerveuse, l'anxiété, les états de fatigue, les maladies cardiaques, la stérilité, la leucémie, et pour soigner des problèmes de sang et de cœur en général.

Topaze

Ce minéral est composé de silicate d'aluminium et fluor, présent dans les roches semblables au granit. La couleur la plus fréquente est le jaune pâle, mais elle existe aussi en bleu clair, et transparente. En tant qu'amulette, elle était utilisée pour protéger la personne des attaques extérieures, alors que parmi ses vertus thérapeutiques on peut citer ses effets bénéfiques sur les maladies nerveuses, le stress, les problèmes osseux et l'insomnie.

Turquoise

Il s'agit d'un minéral très dur composé de phosphate d'aluminium et d'une partie de cuivre ; il est de couleur bleu-vert et, une fois poli, il est utilisé comme pierre précieuse. En tant que talisman, la turquoise est utilisée pour attirer la chance, pour éveiller le désir sexuel et pour protéger de la cécité. Ses qualités thérapeutiques concernent essentiellement les affections pulmonaires et du sang, la fièvre et les migraines.

Saphir

C'est une autre variété de corindon, cristallisé, de couleur bleue. Il existe également le saphir blanc qui est toutefois plus rare. En tant qu'amulette on dit qu'il attire le bonheur et la chance. Parmi ses multiples vertus thérapeutiques, on signale les effets particuliers sur les maladies nerveuses dégénératives, les scléroses multiples, les hémorragies nasales, les troubles concernant le larynx, les inflammations et les brûlures.

LES BOUGIES ET LES SIGNES ZODIACAUX

Chacun des douze signes du zodiaque est favorisé par une couleur bien déterminée (parfois même plusieurs), et pour cette raison, au moment de pratiquer un rituel d'invocation, il est particulièrement important que la couleur des bougies utilisées s'harmonise avec le signe astrologique de la personne concernée.

Signe zodiacal	*Couleur*
Verseau	vert
Poissons	argent, violet
Bélier	rouge
Taureau	bleu clair, rose
Gémeaux	jaune, or, bleu
Cancer	blanc
Lion	orange
Vierge	gris, jaune
Balance	bleu clair, rose
Scorpion	rouge
Sagittaire	argent, violet
Capricorne	marron, noir, vert

LES POUVOIRS MAGIQUES DES BOUGIES

Comme nous l'avons déjà dit, les bougies sont devenues au cours des siècles un élément important dans la pratique des rituels magiques et religieux. Beaucoup de siècles se sont écoulés depuis le moment où l'homme primitif utilisait les premières torches pour éclairer les grottes et peindre à l'intérieur ; cependant, il est possible d'affirmer que les bougies peuvent être considérées comme le seul élément de ce type de vie qui nous soit parvenu presque inaltéré.

Cela est probablement dû au fait que presque tous les rituels magiques se déroulaient pendant la nuit, rendant ainsi indispensable la présence d'une source de lumière.

Petit à petit, la fonction première des bougies, c'est-à-dire celle d'éclairer, passa au second plan, et elles devinrent l'un des instruments fondamentaux dans la célébration des rituels magiques.

LA DIVINATION PAR LE BIAIS DE LA FLAMME

Un exemple de cette fonction est déjà illustré dans les cérémonies rituelles pratiquées par les Hébreux qui, le jour précédant le Yom Kippour, allumaient une bougie et la laissaient dans un endroit déterminé de la maison. Si la bougie se consumait complètement, cela voulait dire que la personne pouvait vivre pendant toute l'année, sinon cela signifiait que l'espérance de vie était inférieure à un an. Il ne s'agit que d'un des nombreux exemples de l'utilisation des bougies comme instruments de divination. Il ne faut pas oublier qu'un art divinatoire complexe se développa grâce à l'observation et l'interprétation de la flamme de la bougie.

Le signe le plus négatif était celui déjà mentionné : la bougie qui s'éteignait indiquait la mort de la personne pour laquelle était pratiqué le rituel de divination. Le crissement de la flamme, son ploiement ou son allongement étaient considérés comme un avertissement de danger ; une flamme avec un point de lumière particulièrement brillant était par contre considérée comme un présage de succès ; enfin, une flamme qui oscillait était interprétée comme présage de changements significatifs imminents. Avec le temps, l'interprétation des mouvements de la flamme de la bougie est devenue de plus en plus sophistiquée et parmi les différents signaux interprétés ont également été inclus la couleur et la forme qu'elle présentait.

Une flamme divisée représentait la mort ; une flamme de couleur plutôt bleu clair indiquait la présence d'un symptôme ; une flamme qui émettait une étincelle était interprétée comme l'annonce de nouvelles futures.

Pour une analyse plus détaillée de ce type d'interprétations, voir le chapitre appelé « La divination par le biais des bougies », page 127).

LA BOUGIE ET LA PROTECTION DES PERSONNES

Il est bien connu que les bougies ont toujours joué un rôle important également dans les rituels visant à éloigner les mauvais esprits et les fantômes ; de cette pratique découle la tradition américaine d'allumer des feux la nuit de Halloween (la veille de la Toussaint).

Dans la tradition chrétienne, il est fréquent d'allumer une bougie pendant la cérémonie de baptême ; en réalité, c'est une ancienne coutume païenne adoptée par l'Église et dont l'objectif était à l'origine d'éloigner les mauvais esprits du nouveau-né.

Pour la même raison, dans l'Antiquité, on allumait des bougies pendant les mariages afin d'assurer une cohabitation sereine aux époux. Naturellement la même coutume était pratiquée pendant les cérémonies funèbres et les ensevelissements ; dans ce cas, l'objectif était de protéger l'âme du défunt au cours de son ascension céleste afin d'éviter que le diable ne s'en saisisse.

LA BOUGIE ET LES RITUELS MAGIQUES

Utilisées par le passé afin de célébrer des rituels et des cérémonies magiques, les bougies conservent à l'heure actuelle leurs pouvoirs, grâce à leur vertu reconnue de favoriser la concentration et la protection des personnes qui réalisent les invocations.

Bacchus, dieu romain du vin, présidait aux orgies qui se célébraient dans les maisons des hauts fonctionnaires romains

Dans la magie blanche, la bougie a toujours été utilisée pour faciliter l'amour, la fertilité, la fortune, la prospérité, la protection dans les affaires, le renforcement des capacités psychiques et les rêves prémonitoires.

LE PROCÉDÉ À UTILISER AVEC LES BOUGIES POUR LES RITUELS MAGIQUES

Au moment de commencer une cérémonie ou un rituel magique avec les bougies, il est important de s'y prendre avec le plus grand sérieux.

Les bougies offrent de grandes possibilités lorsqu'elles sont utilisées de façon correcte. On ne peut pas célébrer un rituel en allumant une bougie de la couleur préférée et en prononçant quelques phrases pour demander l'effet magique désiré.

Le fait d'allumer une bougie pour un rituel est déjà en soi un acte magique, il convient donc de l'affronter avec une préparation préalable et une concentration profonde et seulement après avoir entrepris une sorte de purification spirituelle dans le but d'éviter des interférences possibles qui empêcheraient l'obtention de l'effet maximal.

Avant de pratiquer un rituel, il faut tout d'abord penser à oindre les bougies de substances huileuses convenablement réparties sur la surface avant de les allumer.

Le but de cette onction est de renforcer les effets bénéfiques des bougies et, par conséquent, l'opération doit être effectuée sur toute la surface de la bougie à l'aide d'une main, puis de l'autre.

Il ne faut pas oublier que cette opération se révélera plus efficace par une lune croissante, cette condition renforçant au maximum l'effet de l'onction.

Il n'existe pas d'huile idéale pour oindre les bougies ; il est donc souhaitable d'utiliser l'huile la plus adaptée à chaque rituel, selon la couleur de la bougie, le type de cérémonie et le moment de la journée où elle se déroule.

Il convient de rappeler que la bougie dégagera au cours de sa combustion l'odeur correspondante à l'huile utilisée. Si la personne qui va célébrer ce rite est allergique ou particulièrement sensible à une substance déterminée, elle devra donc prendre en compte ce point avant de procéder à l'onction. Une autre opération qui suit l'onction de la bougie à certaines occasions est son « habillage » ; elle consiste à écrire sur la bougie destinée au rituel le désir ou la demande que l'on veut formuler, en couvrant ensuite les écritures par la cire d'une autre bougie.

Grâce à cela, on dit que le pouvoir d'invocation serait renforcé ; en effet, l'opération prévoit l'utilisation de deux bougies : celle destinée véritablement au rituel et l'autre dont la cire servira à couvrir le message écrit sur la première.

En ce qui concerne les messages, il est possible de les écrire sur une feuille de papier (normal ou de couleur) ou de les graver directement sur la bougie.

Si l'on choisit ce dernier procédé, il est nécessaire avant d'écrire sur la cire de chauffer la bougie avec les mains préalablement chauffées – si besoin est – à la flamme d'une autre bougie. Pour l'inscription sur la bougie il convient d'utiliser de préférence la plume d'un volatile qui servira à graver la phrase, la parole ou le sigle. Il est possible d'écrire en gravant avec force les mots choisis, ou bien en utilisant une encre destinée à cet usage, que l'on trouve dans les magasins spécialisés.

Nous rappelons que l'écriture directe sur la bougie et celle sur la feuille de papier ont la même validité, mais dans les rituels de haute magie, il est indispensable d'écrire exclusivement sur la bougie.

Il est en tout cas important de souligner qu'il convient d'écrire sur la bougie uniquement si l'on estime nécessaire de le faire : ceci parce que les convictions et les croyances du pratiquant constituent l'un des aspects déterminants pour l'efficacité du rituel.

La troisième phase également très importante, qui précède le rituel proprement dit, consiste en l'allumage de la bougie. En allumant une bougie on active toute une série de forces cosmiques à travers lesquelles, avec les sortilèges qui s'ensuivent, il sera possible de modifier les événements, faisant en sorte que les énergies psychosensorielles agissent de façon à favoriser les désirs de la personne qui adresse l'invocation. Cette personne est également appelée « officiant » ou « maître de cérémonie ».

S'agissant de forces invisibles mais naturelles, on conseille, pour l'allumage, d'éviter les instruments artificiels comme les briquets, parce qu'ils pourraient interférer dans la réussite du début de la cérémonie. On conseille donc l'utilisation d'une allumette en bois, élément naturel par excellence, même si l'on peut avoir recours aux allumettes en cire. Il est également considéré comme correct d'allumer une bougie avec la flamme d'une autre bougie, pourvu que cette dernière soit tenue des deux mains.

Comme pour l'allumage, l'extinction d'une bougie provoque un changement dans l'environnement psychophysique qui entoure le pratiquant. Il convient donc de procéder avec beaucoup d'attention sans jamais écraser la mèche ou éteindre la flamme avec les doigts humides. On conseille, par contre, d'éteindre la bougie en soufflant légèrement en mettant la main de l'autre côté de la flamme afin d'éviter que la cire liquide ne coule autour de la bougie et, pis encore, de la renverser sur la table ou sur le sol. Dans ce cas, l'efficacité du rituel serait profondément compromise, cela revenant à « jeter par terre » tout le processus réalisé précédemment ; si, par malchance, cela se produisait, il est souhaitable de répéter le rituel dès le début en le reportant au moment où les conditions les plus propices en ce qui concerne l'heure, le jour et la situation astrale et personnelle du pratiquant seront de nouveau réunies.

Pour éteindre la bougie on peut aussi se servir de l'instrument approprié (appelé « éteignoir ») en veillant à ne pas écraser la mèche et à ne pas la toucher.

LA PRÉPARATION DE L'OFFICIANT

Une autre phase importante et nécessaire prévoit la relaxation du pratiquant.

Les conditions psychophysiques de la personne qui célèbre le rituel sont en effet fondamentales.

La cérémonie demande un minimum de concentration et d'attention, amenant l'officiant à se trouver dans de bonnes conditions physiques et mentales. D'un point de vue spirituel, il devra être dégagé de tous problèmes et des troubles qui pourraient involontairement provoquer une interférence dans le processus de corrélation psychophysique qui a lieu au cours de la cérémonie. La magie est l'art de réaliser des choses merveilleuses contre les lois naturelles, et pour pouvoir s'y consacrer de façon efficace, le maître de cérémonie doit se trouver en parfaite harmonie avec les lois de la nature et de la psyché. En d'autres termes, il doit posséder des connaissances magiques bien déterminées, une concentration mentale appropriée, un corps et un esprit sains et la capacité de prendre entièrement la responsabilité de ses actions. Celui qui ne possède pas une énergie mentale et physique suffisante pour mener à bien le rituel et celui qui n'a pas assez de confiance et de conviction dans les actes qu'il réalise n'obtiendront pas de résultats positifs par la magie.

Pour toutes ces raisons, avant de commencer la cérémonie, il convient de se relaxer et de se concentrer sur l'objectif que l'on souhaite atteindre.

Il existe beaucoup de livres traitant des secrets de la relaxation et de la concentration que le lecteur peut consulter[1].

Nous nous limiterons ici à fournir certains conseils de base qui pourront aider à atteindre un état psychophysique idéal.

En premier lieu, il est souhaitable de vider l'esprit et de focaliser son attention sur une partie du corps, pour ensuite se concentrer sur le reste de sa personne. On peut partir des pieds pour arriver à la tête ou vice versa. L'objectif de cet exercice est la relaxation graduelle de chaque partie du corps.

Une fois la relaxation musculaire obtenue, il faudra atteindre la relaxation mentale par le biais de la suggestion, en libérant l'esprit de chaque pensée ou idée.

La relaxation physique ainsi que la relaxation mentale nécessitent une période d'entraînement assez longue, d'autant plus si la personne n'a jamais effectué ce type d'exercice.

Dans tous les cas, il s'agit d'exercices utiles, non seulement pour les objectifs que l'on se propose ici, mais aussi pour se libérer des tensions provoquées par notre mode de vie.

1. Lire aux Éditions De Vecchi *Le Training autogène* de Milène Screm.

Le fait de pouvoir s'isoler du monde extérieur et se concentrer sur soi-même est l'un des préalables de chaque exercice de relaxation spirituelle et physique, sur lesquels se basent les techniques orientales dont le yoga est certainement la plus connue. En libérant le corps et l'esprit des interférences extérieures, la communication rituelle s'établira facilement et le maître de cérémonie se trouvera dans la bonne disposition pour commencer la cérémonie.

CONSEILS ET RECOMMANDATIONS

Les bougies peuvent bien entendu être utilisées avec diverses finalités. Aujourd'hui on les allume pour éliminer les mauvaises odeurs (par exemple, les bougies désodorisantes), pour célébrer les anniversaires, pour des occasions spéciales en famille, pour remplacer l'électricité en cas de panne, pour des motifs religieux, etc.

Nous avons déjà eu l'occasion de parler de la longue histoire de la bougie, de son utilisation par les magiciens anciens, jusqu'aux croyances actuelles.

À partir du moment où les bougies devinrent des éléments irremplaçables des célébrations de rituels magiques (qui se déroulaient la nuit), on commença à suivre une série de normes et de règles non écrites léguées oralement de génération en génération au cours des siècles, en assimilant les influences des cultures diverses et les croyances.

RÈGLES DANS L'UTILISATION DES BOUGIES

Le sujet dont traite ce livre est l'utilisation des bougies avec des finalités magiques et ésotériques, sous forme d'invocations et d'oracles.

Toutefois le but est positif pour ceux qui pratiquent la cérémonie et ceux à qui la cérémonie est dédiée. Pour cette raison, on conseille de suivre des normes bien déterminées qui pourraient être définies comme des règles de l'utilisation des bougies.

En général, il est souhaitable de ne pas demander plus que ce dont on a besoin, ni plus que ce que l'on peut « rendre », puisque tout ce qui nous est octroyé a une contrepartie, en d'autres termes la faveur doit être restituée par réciprocité ou remerciement.

L'utilisation des bougies n'est pas un jeu, mais doit répondre à un protocole bien déterminé dont il ne faut pas abuser. Avoir systématiquement recours à des bougies pour demander une solution aux problèmes sans que la personne agisse pour les résoudre ne ferait que créer une dépendance malsaine. La magie aide seulement ceux qui s'engagent à atteindre des objectifs bien déterminés et, naturellement, une bougie toute seule ne peut pas faire de miracle.

Il ne s'agit pas de croire à des superstitions, mais d'agir en se basant sur sa propre responsabilité. Il ne faut allumer une bougie et procéder au rituel que lorsqu'il y a une nécessité effective pour y avoir recours.

Pour cette raison, avant de commencer, il convient de savoir ce que l'on désire, comment il convient de le demander, pourquoi et pour qui ; en effet, on peut demander pour soi-même ou pour d'autres personnes, et dans ce dernier cas il est indispensable d'obtenir leur accord. Cet aspect est très important : sans l'approbation de celui qui doit bénéficier de nos demandes, il vaut mieux ne pas commencer le rituel puisqu'il se révélerait totalement inutile et pourrait même nuire au maître de cérémonie.

Il faut bien garder à l'esprit que la bougie peut servir comme instrument de divination, comme moyen pour guérir un malade, pour demander une protection, comme l'expression d'un désir de bien-être ou, tout simplement, comme guide spirituel et comme aide dans sa propre méditation.

Après avoir défini l'objectif, les motivations et le destinataire, et avant de passer à l'allumage de la bougie, il convient encore de déterminer le lieu où sera célébrée l'invocation. Il est conseillé de disposer d'une pièce qui présente des conditions bien définies. De préférence, il doit s'agir d'un lieu privé et isolé puisque cela favorise la capacité de concentration du maître de cérémonie et facilite le flux de la force magnétique en rendant donc le rituel plus efficace.

Après avoir choisi le lieu le plus adapté, en se basant sur les caractéristiques et les possibilités personnelles, on procède à la préparation de l'« autel ». Il suffit pour cela de se servir d'une table, couverte d'une toile, exclusivement réservée à un usage rituel.

Un autre aspect à prendre en compte est le jour, voire l'heure où la célébration doit avoir lieu. Comme nous allons le montrer dans les prochains chapitres, selon le désir que l'on veut formuler et la finalité de la demande, il convient de vérifier quels sont les moments les plus indiqués pour commencer le rituel : une même célébration avec des motivations et des finalités identiques peut, en effet, donner lieu à des résultats différents selon le moment où elle se déroule.

En outre, pour que le rituel soit efficace, il convient d'utiliser également des éléments qui contribuent à en renforcer les effets. Dans ce but, les pierres, les plantes, les parfums, les métaux et les formules récitées auxquels il convient d'avoir recours seront présentés dans les chapitres suivants. En ce qui concerne les parfums, nous rappelons d'ores et déjà que l'utilisation de l'encens est des plus indiquées.

En ce qui concerne le choix de la bougie, même si certains préfèrent utiliser des formes recherchées (carrée, gravée, pyramidale, etc.) il est bon de rappeler que les bougies ordinaires sont tout aussi efficaces, indépendamment du matériel utilisé (exception faite des bougies en pure cire d'abeille) et de la forme.

Il ne faut pas oublier qu'une bougie ne doit servir que pour un seul rituel, sinon la finalité ne sera pas la même. Il est donc souhaitable de disposer les différentes bougies et d'en allumer une nouvelle pour chaque célébration (à moins que le rituel ne soit pas « renforçant », c'est-à-dire renouvelé pour en augmenter l'efficacité).

Le dernier conseil concerne l'allumage de la bougie. Comme nous l'avons déjà dit, il est préférable d'utiliser une allumette en bois ou en cire, ou bien une autre bougie, ou encore des petits bâtonnets ou des morceaux de papier préparés à cet effet, mais jamais de briquet.

Après avoir suivi tous ces conseils on est prêt à commencer le rituel.

Dans les pages suivantes nous décrirons les finalités des applications diverses des bougies, ainsi que l'influence des couleurs sur ces dernières et sur les pratiques rituelles. En outre, nous expliquerons la signification des oracles, leur utilité, et la façon de les réaliser. Enfin, dans le dernier chapitre nous décrirons en détail le procédé à suivre pour fabriquer soi-même les bougies.

LES COULEURS DES BOUGIES ET LEURS SIGNIFICATIONS

Les bougies utilisées pour la célébration de sortilèges et de rites en général peuvent être de différentes couleurs, chacune ayant un but déterminé. Chaque tonalité induit un effet, une réaction, par conséquent, avant de commencer le rituel, il convient de choisir soigneusement les bougies à utiliser.

Afin de vous simplifier la tâche, nous vous présenterons ici les différentes couleurs par ordre alphabétique avec les repères relatifs aux jours les plus propices pour leur emploi, ainsi que les repères pour les planètes qui les influencent, et les signes zodiacaux qui les commandent.

Le fait qu'un jour soit plus particulièrement indiqué pour l'utilisation d'une couleur déterminée n'exclut pas le choix d'une autre, même si le résultat sera forcément moins satisfaisant.

Le fait qu'une couleur bien déterminée corresponde à un signe du zodiaque spécifique signifie tout simplement que sous l'influence de ce dernier la bougie apportera plus de bénéfices qu'au moment où la situation planétaire ne correspond pas au signe qui la gouverne.

Voici donc les principales caractéristiques des couleurs et leurs relations avec les autres éléments.

LA BOUGIE ARGENTÉE

La bougie argentée renforce le plan spirituel de l'individu, en l'aidant à se concentrer dans la recherche de la vérité et de la foi.

Un des effets produits par cette bougie, utilisée généralement dans les cérémonies liturgiques, est de permettre le contact avec les forces supérieures. En même temps la bougie argentée agit de façon positive, en facilitant l'évolution intérieure des personnes et en les poussant vers des buts plus élevés. Elle favorise également les rêves prémonitoires.

Voici les caractéristiques principales.

Chiffre : le chiffre correspondant à la bougie argentée est le neuf, associé au savoir et à la vie spirituelle à un niveau supérieur.

Couleur : la couleur argent est synonyme de magnétisme, d'attraction et de superposition entre le spirituel et le matériel.

Fleur : la rose rouge, étant l'une des plus résistantes, donne l'attitude nécessaire pour pouvoir s'élever – en partant d'une profonde connaissance de soi-même – à une dimension spirituelle supérieure qui réunit tous les êtres.

Heure : le meilleur moment pour commencer l'invocation est le matin dans un calme et une tranquillité absolus.

Jour : le jour le plus indiqué pour célébrer la cérémonie d'invocation est le mardi.

Métal : le métal précieux directement associé à la bougie argentée est bien entendu l'argent, élément noble et malléable dont le magnétisme produit les effets bénéfiques nécessaires pour mener à bien un projet personnel.

Parfum et encens : les deux doivent être de rose, un parfum éthéré et en même temps intense.

Planète : la planète qui gouverne cette bougie est Mars, dont les effets puissants introduisent le maître de cérémonie dans le monde supérieur en l'aidant à interpréter les rêves prémonitoires.

Santé : les effets bénéfiques de la bougie argentée sont associés à sa faculté d'épurer les systèmes lymphatique et nerveux.

Signe zodiacal : Sagittaire et Poissons sont les signes correspondant à la bougie argentée. Le Sagittaire est le symbole des vocations religieuses, alors que les Poissons est celui du sacrifice et de la sensibilité ; les personnes nées sous ce dernier signe présentent des tendances mystiques et des capacités prophétiques et médiumniques.

LA BOUGIE BLANCHE

La couleur blanche de la bougie est associée aux aspects les plus intimes de la personne, comme la beauté intérieure et la pureté, mais aussi la fertilité, la capacité d'imagination et la créativité. Même s'il a une influence déterminante sur les femmes, le blanc exerce également son pouvoir sur les hommes, surtout ceux qui ont des activités artistiques et créatives en général, favorisant en outre la fertilité masculine.

La bougie blanche est associée à tous ces aspects, considérés comme lunaires, et sert pour célébrer presque tous les rituels magiques, puisque le blanc est une couleur polyvalente. La bougie blanche est aussi appelée « neutre » car on peut l'utiliser dans un rituel de demande quand on ne dispose pas d'une bougie d'une couleur plus indiquée.

Il faut cependant rappeler que cette bougie est surtout efficace dans les rituels concernant la maternité, la famille, la protection dans les voyages, les enfants, le renforcement des facultés intuitives et le renforcement des liens familiaux (à ne pas confondre avec les liens sentimentaux car il s'agit là de concepts totalement différents).

S'agissant d'une couleur plus féminine que masculine, les effets thérapeutiques seront plus évidents pour les caractéristiques anatomiques propres à ce sexe, comme les organes de la reproduction et les seins.

Sur le plan spirituel, la bougie blanche favorise la dévotion, alors que sur le plan caractériel elle accentue l'humilité.

Voici les caractéristiques principales.

Chiffre : le chiffre deux est associé à la bougie blanche, symbole de dualité du couple, mais aussi de l'équilibre entre deux opposés. Il représente la capacité de compréhension parce qu'il naît du savoir du chiffre un.

Couleur : le blanc est la couleur qui comprend toutes les autres. Dans le spectre chromatique, c'est à partir du blanc que naissent, à travers la décomposition de la lumière, toutes les couleurs que l'être humain est en mesure de visualiser. Pour cette raison la bougie blanche peut remplacer toutes les autres en cas de nécessité. À cause de son association avec la maternité, le blanc est considéré comme une couleur pure.

Fleur : les fleurs les plus indiquées pour célébrer un rituel avec la bougie blanche sont au nombre de deux : le nymphéa et la rose blanche. La première a des feuilles rondes avec de grandes fleurs blanches qui flottent à la surface de l'eau ; elle représente la capacité d'adaptation aux conditions les plus adverses. La rose blanche est, par contre, une fleur qui regroupe et symbolise une série de caractéristiques et de vertus propres à la femme.

Heure : le meilleur moment pour établir le contact magique du rituel est le matin, mais la fin de l'après-midi peut être aussi indiquée, parce qu'elle correspond à la naissance de la lune. Si l'on célèbre le rituel au cours de la phase de lune croissante, les résultats seront plus rapides.

Jour : la bougie blanche produit des effets plus évidents si elle est utilisée le lundi, jour correspondant au début des activités, quand tout se remet en mouvement pour faire face à une nouvelle semaine de travail, de responsabilités et d'obligations. Si toutefois le lundi coïncidait avec une nuit de pleine lune, il serait préférable de reporter le rituel.

Métal : le métal directement associé à la bougie blanche est l'argent, élément noble et malléable où le magnétisme produit des effets bénéfiques nécessaires pour mener à bien les projets élaborés.

Parfum et encens : avant de commencer le rituel il est souhaitable que l'officiant se verse quelques gouttes de parfum de nymphéa sur les mains de façon à favoriser le travail suivant. En ce qui concerne l'encens, qui est utilisé pour éliminer les influences négatives de l'environnement, on peut avoir recours aux parfums de lilas ou de violette, l'encens de nymphéa est pratiquement impossible à trouver.

Pierre : les pierres favorisant le moment initial du rituel sont au nombre de deux : l'aigue-marine et la perle. La première est une variété de béryl de couleur bleu transparent, très appréciée comme pierre précieuse. La deuxième, par contre, est associée à la bougie blanche pour la beauté de sa forme et de sa couleur.

Planète : à la bougie blanche correspond la lune qui, tout en étant un satellite, est élevée au rang de planète grâce aux effets qu'elle exerce sur la vie de l'homme. La lune représente la force qui naît de l'intériorité, qui génère et simultanément intercède en faveur de l'humanité. En ce qui concerne la fertilité, les effets des phases lunaires sur les cycles menstruels de la femme sont bien connus et démontrés ; par conséquent, la lune peut favoriser la procréation. Elle exerce en outre son influence sur l'esprit des personnes.

Plante : les plantes associées à l'eau sont les plus indiquées pour les rituels où l'on utilise la bougie blanche. Parmi celles-ci nous pouvons mentionner le nymphéa, même si certaines plantes du potager, comme la laitue et le chou, sont tout autant indiquées.

Santé : les effets bénéfiques de la bougie blanche concernent tous les organes impliqués dans le processus de gestation et de maternité ; parmi les organes les plus influencés, on trouvera les organes reproducteurs et les seins. Les vertus purifiantes de la bougie blanche s'étendent toutefois au système lymphatique et au système nerveux.

Signe zodiacal : le signe associé à la bougie blanche est le Cancer. Les personnes nées sous ce signe sont des personnes sensibles, ordonnées, économes et aimantes de la famille.

Nombre de personnes qui travaillent dans le domaine créatif sont influencées par ce signe. Les natifs du Cancer sont cependant destinés à souffrir de crises dépressives et à privilégier le côté négatif des choses.

LA BOUGIE BLEU CLAIR

Cette couleur a une influence directe sur les émotions, sur les sentiments et plus concrètement, sur l'amour, l'amitié, le sexe et toutes les manifestations qui concernent les sentiments. La bougie de cette couleur est la plus indiquée pour favoriser les réconciliations, les relations stables et les liens durables. La couleur bleu clair réveille la sensualité de la personne puisque, étant associée à Aphrodite, déesse grecque de l'amour, elle possède des propriétés aphrodisiaques. Contrairement aux autres couleurs, la bougie bleu clair n'est pas utilisée dans les cérémonies religieuses, mais seulement pour quelques rituels magiques. Il s'agit d'une bougie qui exalte les sens, l'envie de vivre et la vision positive des choses. En outre, on lui attribue des effets d'élévation spirituelle et d'éloignement des fantômes.

Voici ses caractéristiques principales.

Chiffre : le chiffre correspondant à la bougie bleu clair est le six, associé à Vénus, déesse romaine de l'amour. Ce chiffre représente la capacité d'aimer de façon absolue, mais s'il se répète trois fois, il peut être dangereux parce qu'il devient le symbole de la bête.

Couleur : le bleu clair est une couleur essentiellement masculine, associée à la sensibilité spirituelle et physique (probablement plus à la première). Elle favorise la conquête et l'intention d'entreprendre une union stable et durable ; en outre, elle confère force et authenticité à toutes les actions qu'elle induit.

Fleur : le coquelicot et le lilas sont les fleurs conseillées puisqu'elles représentent la passion amoureuse.

Heure : l'après-midi, et plus précisément le début du coucher du soleil, est considéré comme le moment le plus propice pour célébrer le rituel ou l'invocation avec la bougie bleu clair.

Jour : le plus indiqué pour utiliser la bougie bleu clair est le vendredi, jour où l'on exerce une influence positive sur la sensibilité des individus.

Métal : le métal le plus indiqué pour accompagner un rituel avec des bougies bleu clair est le cuivre. Noble et malléable, ce métal est caractérisé par sa capacité de conduction et de transmission.

Parfum et encens : comme pour le cas de la fleur, le lilas, symbole de la beauté, est le parfum avec lequel il faut se frotter les mains, et qui doit être répandu au cours de la cérémonie, tout comme l'encens qui doit être brûlé pendant toute sa durée.

Pierre : la plus adaptée pour accompagner la bougie bleu clair est le lapis-lazuli. Très belle et suggestive, cette pierre de couleur bleu intense constitue l'instrument idéal pour attirer la paix spirituelle et le plus divin de l'amour, en les dirigeant vers le cœur des personnes.

Planète : la planète de l'amour est Vénus, visible à l'œil nu aux toutes premières heures du matin ; elle a toujours été, pour cette raison, l'objet d'une attention particulière de la part des astrologues mais aussi des hommes de toutes les cultures et de toutes les civilisations. Elle est associée également aux arts, à la sensibilité et à l'harmonie.

Plante : parmi les plantes qui fournissent le plus d'énergie au corps, il y a les épinards ; consommés crus, ils constituent le complément idéal pour le rituel.

Santé : les bougies bleu clair protègent tous les organes de la phonation (cordes vocales, larynx, pharynx, gorge), la partie postérieure du crâne (nuque) et les vertèbres cervicales. En plus d'exercer leur influence sur les questions amoureuses, les bougies de cette couleur protègent également l'organisme des infections, surtout celles à transmission sexuelle.

Signe zodiacal : les personnes nées sous le signe du Taureau et le signe de la Balance sont protégées par l'action de la bougie bleu clair. Le Taureau représente la stabilité matérielle, alors que la Balance est le signe de l'harmonie et de la réconciliation dans le domaine sentimental.

LA BOUGIE BLEUE

La bougie bleue représente la profondeur de la mer. Il s'agit d'une couleur plus intense par rapport au bleu ciel, dont le sépare uniquement la ligne imaginaire de l'horizon. La bougie bleue symbolise la valeur masculine, la profondeur et le dépassement de l'obscurité dans le chemin vers la lumière, la transparence et le devenir.

Pour ses deux caractéristiques, il s'agit de l'une des bougies les plus indiquées pour demander ou solliciter des faveurs ou la puissance dans le parcours qui mène à l'obtention d'objectifs difficiles.

En résumant toutes ces caractéristiques, on peut dire que la bougie bleue exalte la force de volonté individuelle, le caractère et l'élan qui doivent toutefois être supportés par la détermination à atteindre les objectifs fixés. Elle fournit également l'énergie vitale, mentale et spirituelle.

Voici ses caractéristiques principales.

Chiffre : le chiffre correspondant à la bougie bleue est le cinq. Il s'agit d'un chiffre instable qui devient cependant le symbole du bonheur, une fois celui-ci atteint. Il est également considéré comme le chiffre des voyages et des imprévus.

Couleur : il s'agit d'une couleur fondamentalement masculine associée à la force et à la volonté, surtout du point de vue spirituel.

Du bleu découle la motivation et la détermination pour atteindre les objectifs que l'on s'est fixés. La tonalité la plus foncée accentue la force et la persévérance dans les actions entreprises.

Fleur : le coquelicot, symbole de la confiance en soi.

Heure : le moment le plus indiqué pour commencer un rituel avec la bougie bleue est certainement l'après-midi, tard.

Jour : comme la bougie bleu clair, le jour le plus indiqué pour célébrer un rituel avec la bougie bleue est le vendredi.

Métal : le métal adapté est le cuivre, noble et malléable, mais en même temps résistant.

Parfum et encens : en accord avec le coquelicot qui est la fleur correspondante, l'opium est le parfum avec lequel il convient de se frotter les mains et qui doit être répandu tout au long de la cérémonie, tout comme l'encens doit être brûlé, car il alimente la flamme en lui donnant de la force et de la fermeté.

Pierre : la pierre la plus indiquée est l'agate, une variété de silicium très appréciée pour sa coloration. Elle confère à la personne l'énergie nécessaire à la poursuite de l'objectif désiré.

Planète : comme la bougie bleu clair, la planète correspondante est Vénus associée aux arts, à la beauté, à la sensibilité et à l'harmonie.

Plante : les épinards, consommés crus ou presque, fournissent l'apport idéal permettant d'obtenir la force nécessaire pour atteindre le but que l'on s'est fixé.

Santé : les bougies bleues protègent la partie supérieure du corps, c'est-à-dire le cou et la tête, où la force de volonté trouve son siège ; elles contribuent en outre à éviter les maladies cérébrales dues à l'âge, comme, par exemple, la démence sénile, la maladie de Parkinson, ou l'artériosclérose.

Signe zodiacal : les personnes nées sous le signe des Gémeaux sont protégées par l'action de la bougie bleue. Il s'agit de personnes qui luttent et qui arrivent à atteindre – non sans effort – l'objectif qu'ils se sont fixé, en se servant de leur capacité de dissuasion ou de persuasion.

LA BOUGIE DORÉE

La célébration des rituels avec la bougie dorée est liée à la connexion entre le soleil et l'or. Elle représente la richesse de la magie, en renvoyant au symbolisme de la recherche de richesse au travers des procédés utilisés par les anciens alchimistes.

Par ailleurs, la bougie dorée peut faciliter les investissements et encourager à faire des économies.

Voici ses caractéristiques principales.

Chiffre : le quatre est le chiffre qui représente le mieux l'union du soleil avec l'or, puisqu'il symbolise la fusion du quotidien avec le matériel.

Couleur : la couleur or est riche de symbole. L'or a été utilisé par de nombreuses civilisations et par certaines religions comme symbole de pouvoir, pouvoir dans le sens matériel, mais il est également associé à l'élévation spirituelle qui mène à la connaissance absolue.

Fleur : la rose jaune est l'une des fleurs les plus indiquées pour accompagner la bougie dorée dans les rituels de célébration et pour obtenir de l'argent et des investissements rentables.

Jour : le meilleur jour pour célébrer un rituel à caractère essentiellement économique est le jeudi, jour de marché dans la culture hébraïque.

Métal : l'or est bien entendu le métal à utiliser dans ce cas, depuis toujours métal précieux par excellence.

Heure : le moment le plus opportun pour l'invocation suit immédiatement midi, heure où le soleil possède son énergie maximale.

Parfum et encens : l'un et l'autre doivent être à la rose. En plus de sa beauté naturelle, la rose dégage un parfum qui aide à concilier les désirs matériels avec les désirs spirituels, par conséquent, son utilisation est particulièrement indiquée pour la célébration des rituels avec la bougie dorée.

Pierre : toutes les pierres dorées ou de couleur jaune sont indiquées, depuis l'ambre jusqu'à celles qui contiennent même une petite quantité du métal précieux.

Planète : étant donné qu'elle est la plus grande planète du système solaire, Jupiter est la planète correspondante à la bougie dorée. Elle représente le savoir.

Santé : la bougie dorée protège tout l'organisme en général, même si ses effets les plus évidents sont concentrés sur les voies biliaires, sur le foie et sur le pancréas. Elle agit aussi sur la zone des yeux et autour de la tête, c'est-à-dire dans la zone où est représentée l'aura des personnes.

Signe zodiacal : les personnes natives du signe des Gémeaux sont protégées par l'action de la bougie dorée, il s'agit de personnes capables de lutter pour atteindre les objectifs fixés, même si cela demande des efforts.

LA BOUGIE GRISE

Symbole par excellence du dualisme, la bougie grise représente le Seigneur, le Sauveur et cela indépendamment du credo et de la foi religieuse de celui qui fait l'invocation. D'un autre point de vue, la bougie grise symbolise aussi l'indifférence et l'égoïsme, caractéristiques associées à l'idée de salut, de sorte que la personne qui agit sous son influence se sent confortée dans ses convictions. La couleur grise est la couleur des cendres, symbole de destruction mais aussi de résurrection, elle renvoie à l'union entre le passé et le futur.

En allumant une bougie grise, le rituel favorisera et renforcera donc la pureté de l'esprit.

Voici ses caractéristiques principales.

Chiffre : le cinq est le chiffre magique qui représente la pureté d'esprit et d'inspiration. Il symbolise l'union entre le ciel et la terre.

Couleur : le gris est le résultat du mélange du blanc et du noir, deux couleurs complémentaires qui s'aident mutuellement dans la recherche de la spiritualité et l'élimination de la négativité. Le gris possède toutefois des caractéristiques de renouvellement de la foi et des croyances.

Fleur : la plus indiquée est l'inflorescence du pin, un arbre toujours vert, résistant et très enraciné dans le terrain.

Heure : le matin ou le soir sont les moments les plus adaptés pour l'utilisation de la bougie grise.

Jour : le plus adapté pour la célébration du rituel de renouvellement spirituel est le mardi, jour de lutte et de victoire finale.

Métal : l'acier, très dur et résistant, est le métal le plus adapté qu'il convient de placer sur l'autel où est célébré le rituel avec la bougie grise.

Parfum et encens : le parfum et l'encens à utiliser sont les essences de pin, harmonisées avec la fleur. Le parfum de cette essence purifie l'environnement et augmente la capacité de concentration du célébrant et de la personne à qui sont destinés les effets bénéfiques du rituel.

Pierre : la plus indiquée pour accompagner la bougie grise est l'agate ; une variété de silice très appréciée pour sa couleur. Elle symbolise l'énergie et encourage la personne à suivre ses objectifs.

Planète : Mars gouverne les rituels effectués avec la bougie grise. Cette planète représente en effet les aspects matériels de l'homme, mais sert aussi de guide dans la lutte et sur le chemin vers une pureté accrue de l'esprit.

Santé : la bougie grise protège surtout le cerveau, centre de la pensée rationnelle et point de départ pour l'élévation spirituelle.

Signe zodiacal : la bougie grise protège les personnes nées sous le signe de la Vierge, qui représente l'ordre et la vertu.

LA BOUGIE JAUNE

Le jaune est la couleur originelle des bougies, lorsqu'on extrayait la cire des gâteaux de miel et lorsqu'on l'utilisait directement sans procédé intermédiaire. On peut donc affirmer que la bougie jaune est la bougie à l'état pur.

Cette couleur est associée aux aspects matériels de l'être humain, aux échanges commerciaux, à la logique, à l'ordre et au raisonnement. Le jaune exerce également une influence particulière sur la personnalité ; il favorise l'homme autant que la femme et, en ce qui concerne la santé, il a une influence avant tout sur le système nerveux.

La bougie jaune représente la communication, le quotidien, et en même temps, la dispersion ; elle constitue une aide dans la recherche de l'illumination spirituelle et contribue à amoindrir l'égoïsme des personnes.

Voici ses caractéristiques principales.

Chiffre : le chiffre qui symbolise le mieux le quotidien et le matériel est le chiffre quatre.

Couleur : il s'agit de l'une des couleurs primaires, le jaune ramène l'individu vers son enfance. Cette couleur peut être utilisée dans toute sa gamme de tonalités, du plus clair au plus foncé. C'est une couleur qui invite à l'amusement et au divertissement.

Fleur : la rose jaune est la fleur qui s'accorde le mieux avec la bougie de la même couleur. Elle est très résistante aux changements atmosphériques et exerce une influence sur les aspects intellectuels de la personne, en la dotant d'une capacité accrue de compréhension et d'intelligence. Le pavot jaune est également compatible avec cette bougie.

Heure : dans ce cas, l'heure ne représente pas un facteur déterminant puisque l'utilisation de la bougie jaune est valable et efficace à tout moment de la journée. Il peut cependant être favorable de l'allumer à partir de midi, quand le soleil se trouve à son zénith.

Jour : le jour le plus indiqué est le mercredi ; en choisissant ce jour, on aura plus de possibilités d'atteindre le but désiré, le mercredi est connu pour exercer aussi une influence positive sur les transactions commerciales

Métal : la bougie jaune représente la dispersion et le métal qui s'accorde le mieux à cet aspect est le mercure, à l'état liquide à une température normale.

Parfum et encens : le parfum de santal est conseillé pour oindre les mains avant de commencer le rituel et pour l'encens qu'il faut brûler au cours de l'invocation.

Pierre : la pierre correspondant à la bougie jaune est l'agate, qui exprime l'énergie et la force nécessaires pour atteindre la plénitude spirituelle.

Planète : Mercure, la planète la plus proche du soleil, est celle qui s'associe le mieux à la bougie de couleur jaune. Les anciens alchimistes la mettaient en relation avec les désirs de la vie. Il s'agit de la planète de la connaissance et de la pensée humaine, qui reçoit et transmet les idées ; en d'autres termes, elle est liée à la communication.

Plante : la lavande et la valériane sont les plantes les plus indiquées, grâce à leurs vertus désintoxiquantes et calmantes. Elles aident la personne à se concentrer sur l'objectif désiré.

Santé : la bougie jaune agit positivement sur le système nerveux et sur l'appareil respiratoire ; en outre, elle aide à développer les capacités intellectuelles et à instaurer avec facilité des relations sociales.

Signe zodiacal : les personnes protégées par la bougie jaune sont celles nées sous les signes de la Vierge et des Gémeaux. Le premier représente l'ordre et la vertu, le second la détermination et l'altruisme.

LA BOUGIE MARRON CLAIR

La bougie marron clair symbolise la force et surtout, le sexe masculin. Cette couleur favorise le contact avec la réalité, le rituel avec la bougie correspondante est donc conseillé aux personnes dotées d'une sensibilité exacerbée, ou qui se trouvent dans un moment de la vie où leur vision du monde est peu réaliste.

La bougie marron clair aide également à trouver le chemin à suivre pour atteindre une spiritualité profonde et la sagesse.

Comme conséquence de son lien étroit avec la terre, cette bougie rend les personnes plus réalistes, en exerçant, en outre, une influence positive sur la fertilité.

Voici ses caractéristiques principales.

Chiffre : le quatre est le chiffre qui influence le plus et rend plus efficace la bougie marron. Il est associé aux quatre points cardinaux qui orientent la personne et la dirigent vers ses objectifs.

Couleur : le marron exerce une influence positive sur les personnes, en les encourageant à concrétiser leurs objectifs ; elle évite les excès et donne une rigueur de la pensée et une clarté d'idée nécessaires pour atteindre une spiritualité profonde.

Fleur : sur l'autel préparé pour le rituel, il convient de placer le chèvrefeuille, plante sauvage rampante, profondément enracinée dans le terrain, caractérisée par des fleurs jaune rosé au parfum intense et agréable.

Heure : le moment le plus indiqué est l'après-midi, de midi jusqu'au soir, dans ce laps de temps l'effet bénéfique de la bougie marron clair est renforcé.

Jour : le jeudi est le jour le plus indiqué pour la célébration du rituel avec la bougie marron clair.

Parfum et encens : les deux devraient être au chèvrefeuille pour ses caractéristiques particulières d'intensité et d'attraction.

Pierre : l'onyx est la pierre précieuse qui symbolise la force de la terre. Il s'agit d'une agate avec des couches claires et foncées, souvent utilisée pour les camées.

Planète : la bougie de couleur marron clair est gouvernée par la planète Jupiter, planète la plus grande du système solaire, qui représente le jugement, la générosité et le savoir. C'est une bienfaitrice qui favorise ceux qui poursuivent le chemin de la perfection.

Plante : tout comme la fleur, la plante qui favorise l'action de la bougie marron clair est le chèvrefeuille.

Santé : les parties du corps concernées par les effets bénéfiques de la bougie marron clair sont les pieds et, étant donné l'association de cette couleur avec la fertilité, les organes génitaux également.

Signe zodiacal : le Capricorne est le signe qui présente le plus d'affinités avec les caractéristiques et le symbolisme attribué à la bougie marron clair, qui donne de la constance à ce signe instable en éclairant la personne qui accomplit la cérémonie d'invocation.

LA BOUGIE MARRON FONCÉ

La bougie marron foncé ressemble naturellement à la bougie marron clair, mais elle encourage davantage la personne à analyser consciemment les faits et ses propres motivations, elle donne une force de volonté plus accentuée et exige une concentration mentale et spirituelle accrue.

Elle aide, en outre, à renforcer le caractère des enfants en les dotant d'une capacité critique accentuée, et guide l'individu vers le chemin de la spiritualité.

Ses caractéristiques principales sont identiques à celles déjà exposées pour la bougie de couleur marron clair. L'unique variation concerne le rituel, et en particulier les demandes formulées par ceux qui participent à la cérémonie d'invocation.

Chiffre : quatre.

Couleur : elle encourage ultérieurement la personne à réaliser ses propres objectifs. Les demandes peuvent nécessiter un grand effort de volonté de la part de ceux qui les font.

Fleur : chèvrefeuille.

Heure : l'après-midi, de midi jusqu'au soir.

Jour : jeudi.

Parfum et encens : chèvrefeuille.

Pierre : onyx.

Planète : Jupiter.

Plante : chèvrefeuille.

Santé : protège la zone de la tête, celle qui est le plus liée au caractère et à la personnalité du nouveau-né.

Signe zodiacal : Capricorne.

LA BOUGIE NOIRE

Malgré sa connotation macabre et l'association avec l'idée de deuil, cette couleur est positive parmi les différentes bougies. En effet, le noir comprend toutes les couleurs, il est utilisé pour rassembler l'énergie négative et l'éliminer de l'environnement où a lieu la cérémonie d'invocation. La bougie noire est, en outre, une aide et un guide pour s'orienter dans le noir des ténèbres.

Voici ses caractéristiques principales.

Chiffre : le chiffre correspondant à la bougie noire est le huit, qui symbolise l'infini, la justice et le triomphe sur les ténèbres. Dans la religion bouddhiste, il représente les chemins divins.

Couleur : le noir est la couleur complémentaire du blanc, et la bougie de cette couleur est utilisée dans le rituel d'invocation comme bougie d'« accompagnement » pour accentuer la force de la bougie principale, afin qu'elle atteigne l'objectif fixé.

Fleur : l'orchidée noire est la fleur la plus indiquée pour neutraliser l'énergie négative du lieu de l'invocation.

Heure : les premières heures du matin sont conseillées, quand la nuit se termine et la force du soleil et de la lumière commencent à se faire sentir à l'horizon.

Jour : il est préférable de l'utiliser le lundi, quand il faut nettoyer l'environnement des impuretés, de façon à capter sans interférences l'énergie positive.

Parfum et encens : les deux devraient être de l'orchidée. C'est en effet le parfum le plus indiqué pour s'oindre les mains avant le début du rituel, et le plus adapté à brûler dans l'environnement (le processus de combustion éliminera la négativité du lieu où est célébrée la cérémonie).

Pierre : le corail noir, structure calcaire produite par un organisme animal marin, est le plus indiqué pour la cérémonie, même s'il est très rare et donc difficile à trouver.

Planète : malgré le fait qu'elle soit un satellite, la lune est considérée comme une planète en ce qui concerne la magie des bougies. Comme nous l'avons déjà vu, elle correspond à la bougie blanche, mais étant donné que l'une de ses faces est cachée, elle est également associée à la bougie noire. La lune représente la force qui naît de l'intérieur, qui génère et qui intercède en faveur de l'humanité. Elle exerce aussi son influence sur l'esprit des personnes en les libérant dans ce cas des influences négatives.

Santé : les effets bénéfiques de la bougie noire sont associés à sa capacité d'épurer le système lymphatique et nerveux, outre l'appareil excréteur de l'être humain.

Signe zodiacal : le Capricorne, signe caractérisé de haut et de bas. C'est celui qui définit le mieux les caractéristiques et le symbolisme attribué à la bougie noire. Celle-ci contribuera à éliminer la composante négative présente dans l'environnement et à l'intérieur de l'individu pour qui l'invocation est faite.

LA BOUGIE ORANGE

La bougie orange représente le soleil et les aspects liés à ce dernier, comme la force ou la capacité à surmonter les obstacles ou d'entreprendre des tâches difficiles. Elle possède des caractéristiques liées à la fertilité masculine et par conséquent donne de l'énergie à l'homme.

D'un autre point de vue, la couleur orange symbolise le soleil au couchant mais aussi le lever du jour, c'est pourquoi elle a été associée à l'élévation de l'esprit.

La bougie orange est utilisée dans les pratiques de haute magie pour favoriser le magnétisme et la guérison. Elle est également utilisée comme un moyen de remerciement, et pour atteindre un objectif ou la réalisation d'un désir. Elle est en outre adaptée pour invoquer la protection de la famille et de la santé, et également pour obtenir la prospérité.

Voici les caractéristiques principales.

Chiffre : le chiffre correspondant ne peut être que le chiffre un, symbole de l'énergie vitale et de la force, base depuis laquelle tous les autres chiffres trouvent leur origine, symbole mathématique par excellence.

Couleur : il s'agit d'une couleur fertile, d'un signe masculin qui toutefois peut aider aussi les femmes à réaliser leur désir de maternité. Elle représente la force et l'énergie du soleil naissant et constitue une bonne alliée quand il s'agit de questions familiales.

Fleur : la rose rouge et le lys blanc sont les fleurs qui représentent le mieux le pouvoir de la bougie orange parce qu'elles symbolisent la force de la nature. La première se caractérise par un symbolisme masculin, la deuxième par un symbolisme féminin.

Heure : bien entendu, le meilleur moment pour célébrer la cérémonie rituelle est le matin, mais il est également possible de la commencer à midi (quand le soleil brille avec la puissance maximale), ou encore au coucher du soleil (quand il prend la couleur orange caractéristique).

Jour : le dimanche, jour traditionnellement consacré au repos, est le plus adapté pour obtenir les meilleurs résultats du rituel. Pour que ce dernier soit efficace, il suffit de réciter certaines prières en demandant que la bougie soit un guide dans la vie personnelle et familiale.

Métal : le métal à utiliser sur l'autel est bien entendu l'or, depuis toujours le plus apprécié, qui continue à être la représentation physique de la force du soleil.

Parfum et encens : au cours du rituel, on conseille d'utiliser le parfum et l'encens à la rose. Le premier doit être appliqué sur les mains, alors que le deuxième élimine de l'environnement les vibrations négatives et améliore la communication.

Pierre : puisqu'ils sont associés à la bougie orange, le diamant et l'ambre devraient être présents sur l'autel préparé pour la cérémonie. L'ambre est moins coûteux et plus facile à trouver. Ces deux pierres servent à équilibrer les forces et contribuent à capter l'énergie des éléments pour l'orienter vers l'objectif désiré.

Planète : en ce qui concerne ce contexte précis, le soleil est considéré comme une planète et gouverne donc la bougie orange.

Il représente la force de la création, l'énergie inépuisable. C'est grâce au soleil que la vie existe sur terre ; sa lumière et sa chaleur sont les guides qui aident l'homme dans le renouvellement de sa foi spirituelle.

Plante : pendant la cérémonie il convient d'avoir près de soi de la camomille et du romarin à leur état naturel ou bien sous forme de produit industriel.

Santé : en qualité de source d'énergie totale, la bougie orange fournit la force vitale à tout l'organisme, et en particulier au cœur, à la colonne vertébrale, à la tête et à l'appareil reproducteur.

Signe zodiacal : comme le soleil, le Lion est le symbole de la force. C'est le signe des chefs, des directeurs, des personnes ayant des tâches importantes. Les personnes qui sont nées sous le signe du Lion contemplent la vie comme des combattants, comme des personnes vaillantes qui se sont réalisées seules et qui protègent leur famille.

LA BOUGIE POURPRE

La bougie pourpre est associée à la capacité de sacrifice, à la spiritualité, ainsi qu'aux aspects légaux qui découlent en quelque sorte du concept d'autorité.

Le rituel pratiqué avec une bougie de cette couleur favorise les intérêts économiques et facilite le développement spirituel de la personne.

Voici les caractéristiques principales.

Chiffre : le cinq est le chiffre magique qui représente le pouvoir de l'inspiration et l'union entre le ciel et la terre. Nous rappelons à ce propos l'étoile à cinq branches qui a des connotations kabbalistiques indéniables.

Couleur : la couleur rouge violacé ou pourpre est utilisée depuis très longtemps par les cardinaux, les papes, les souverains et les personnes de hiérarchie élevée, puisqu'elle symbolise l'aura qui facilite le contact avec les niveaux supérieurs de la conscience. C'est une couleur très spirituelle, identifiée à la méditation.

Fleur : le jasmin, fleur de la vocation et de la force spirituelle, est le plus indiqué pour accompagner la bougie de cette couleur.

Heure : les plus indiquées pour ce rituel sont les premières heures de l'après-midi, un moment particulièrement propice à la réflexion.

Jour : le plus adapté à la célébration du rituel avec la bougie pourpre est le jeudi, jour de renouvellement spirituel.

Métal : l'étain est très indiqué pour sa ductilité, et pour sa capacité à souder les autres métaux entre eux. L'étain fond facilement et résiste aux éléments météorologiques sans s'oxyder. C'est le symbole de l'union entre le plan physique, mental et spirituel.

Parfum et encens : il est souhaitable que l'officiant se verse sur les mains quelques gouttes de parfum de jasmin avant de commencer le rituel et qu'il brûle de l'encens au jasmin dans la pièce où a lieu l'invocation. De cette façon, il va favoriser le contact avec le plan supérieur ou spirituel.

Pierre : la turquoise est la pierre des personnes mystiques, de tous ceux qui désirent atteindre un niveau spirituel élevé. Elle est composée de sulfate d'aluminium et d'une partie de cuivre, elle se caractérise par une très belle couleur vert-bleu clair et est considérée comme une pierre talisman.

Planète : la planète Jupiter, la plus grande du système solaire, correspond à la bougie pourpre et représente le jugement, la générosité et le savoir, tout en contribuant à maintenir les hommes dans le respect de la loi.

Plante : on conseille de placer sur l'autel une plante de pissenlit (dent-de-lion), puisque ses racines sont curatives.

Santé : la bougie pourpre protège les différents organes du corps, mais surtout le foie et le pancréas, ainsi que la circulation sanguine et la peau. Elle aide en outre à éviter l'accoutumance aux drogues et protège des situations particulièrement délicates.

Signe zodiacal : Sagittaire et Poissons sont les signes les plus directement en contact avec la bougie pourpre. Le premier est le symbole de la philosophie et des vocations religieuses ; les natifs de ce signe accordent l'esprit de combat avec la solidarité ; en outre, ils sont courageux et généreux.

Les Poissons représentent par contre le sacrifice, l'humilité et la sensibilité. Les natifs de ce signe sont altruistes, présentent des tendances mystiques, sont parfois géniaux et se distinguent pour leur capacité de médiation entre la réalité de l'espace et du temps, et la dimension supérieure.

LA BOUGIE ROSE

Cette couleur a une influence directe sur les émotions, sur les sentiments et, plus précisément sur l'amour, l'amitié, le sexe et toutes les manifestations à caractère sentimental.

La bougie rose facilite les réconciliations, les rapports stables et les liens durables.

Le rose est associé à la sphère affective, à l'esprit de sacrifice, à la sensibilité et à l'émotivité.

Elle ne peut pas être considérée comme une bougie exclusivement féminine, puisque dans tous les cas son influence facilite la libération de la pensée, de l'esprit et de la sensibilité, en éveillant en outre l'attraction.

Voici ses caractéristiques principales.

Chiffre : le chiffre correspondant à la bougie rose est le six, associé à Vénus, déesse romaine de l'amour. Il symbolise la capacité d'un amour absolu.

Couleur : le rose est surtout – mais pas exclusivement – féminin, associé à la sensibilité et à ses aspects spirituels.

Il symbolise l'amour et la vanité, et a un effet inhibiteur sur les impulsions violentes.

Fleur : on conseille la rose et le lilas, puisqu'il s'agit de symboles de la passion due à l'amour.

Heure : le moment le plus favorable pour commencer le rituel avec une bougie rose se situe essentiellement dans l'après-midi (et plus précisément à partir de quatre heures).

Jour : le plus adapté pour l'utilisation de la bougie rose est le vendredi, jour où l'on exerce une influence positive sur la sensibilité des individus.

Métal : le plus approprié pour accompagner ce rituel est le cuivre, métal noble et malléable, caractérisé par une capacité de transmission élevée.

Parfum et encens : en harmonie avec la fleur correspondante, le parfum avec lequel il convient de se frotter les mains et qui doit être répandu au cours de la cérémonie est celui de la rose ou du lilas, symboles de la beauté, qui doivent aussi aromatiser l'encens brûlé pendant toute la durée de la cérémonie.

Pierre : la pierre directement associée à ce rituel est l'émeraude, caractérisée par une grande beauté et la capacité d'attirer la paix spirituelle et le flux de l'amour en les aiguillant vers le cœur des personnes.

Planète : la planète de l'amour est Vénus, associée aux arts, à la beauté, à la sensibilité et à l'harmonie. Son énergie magnétique exerce une force d'attraction qui facilite toutes sortes de relations, même celles situées dans le domaine commercial.

Plante : le cresson est très indiqué. C'est une plante aphrodisiaque en mesure de fournir l'énergie vitale pour exploiter complètement la sensualité.

Santé : la bougie rose protège les organes génitaux (surtout les organes féminins) des infections, et notamment les infections sexuellement transmissibles. En outre, elle protège la peau, règle les fonctions organiques et aide à résoudre les problèmes psychologiques.

Signe zodiacal : les personnes nées sous le signe de la Balance et du Taureau sont protégées par l'influence de la bougie rose. Le premier est le signe de l'harmonie et de la réconciliation dans le domaine sentimental, alors que le second représente la stabilité matérielle.

LA BOUGIE ROUGE

La bougie rouge est associée à tous les aspects qui renforcent les caractéristiques physiques et les aspirations matérielles de l'individu (virilité, force, jeunesse, autorité).

En outre, elle protège des accidents, des armes, des attaques de la part des animaux et aide à surmonter les opérations chirurgicales ou les empoisonnements éventuels.

Étant associée à l'idée du sang, elle représente la force mais symbolise également la lutte, le désir de survivre en surmontant les difficultés et en entreprenant de nouveaux projets. Sa planète ne peut être que Mars.

Le rituel avec la bougie rouge peut aider les personnes indécises à acquérir la force nécessaire à la réalisation de nouveaux projets ; elle peut, en outre, renforcer l'imagination et protéger d'éventuels accidents pendant les voyages.

Voici ses caractéristiques principales.

Chiffre : le chiffre trois correspond à ce rituel. Il représente la triade âme-esprit-corps.

Couleur : le rouge est la couleur de la force, du sang et de la violence ; c'est un élément positif puisque cette énergie, si elle est bien dirigée, fournit la vitalité nécessaire pour continuer les projets les plus difficiles. Le rouge est l'une des couleurs primaires, elle exerce une influence positive sur la virilité.

Fleur : la fleur associée à la bougie rouge est le girofle de la même couleur, connu pour sa résistance et sa beauté.

Heure : le moment le meilleur de la journée se situe à midi, quand le soleil a le maximum de puissance. Si possible, il est préférable de célébrer le rituel à midi, le mardi du printemps, de façon à en renforcer l'effet.

Jour : le mardi est le jour le plus indiqué pour célébrer un rituel avec la bougie rouge ; il s'agit, en effet, d'un jour de lutte suivi par la victoire (c'est pourquoi on dit que le mardi est le jour des soldats et des missionnaires).

Métal : le métal le plus dur, qui au cours de l'histoire a représenté la force et la violence, est le fer, composant principal des armes utilisées dans l'histoire de l'humanité. Mais les outils utilisés pour la construction ont presque toujours été en fer, par conséquent, la symbolique est double.

Parfum et encens : le maître de cérémonie doit oindre ses mains avec le parfum de girofle et brûler l'encens de girofle pendant la cérémonie, de façon à purifier l'environnement et le remplir d'énergie positive.

Pierre : la pierre qui représente le mieux la bougie rouge est le grenat, un minerai cristallisé qui concentre la force de la nature, et à qui l'on attribue des effets aphrodisiaques.

Planète : le rituel avec la bougie rouge est commandé par Mars, la planète rouge qui symbolise les aspects les plus matériels de l'homme et les obstacles que l'on doit surmonter afin de poursuivre le chemin vers le but recherché.

Plante : toutes sortes de plantes ayant des épines sur la tige ou les fruits, qui piquent ou provoquent des irritations lorsqu'on les touche, ce sont les plantes qui symbolisent parfaitement l'esprit de la bougie rouge.

Santé : l'énergie de la bougie rouge a une influence sur tout l'organisme mais protège surtout les organes sexuels, l'appareil excréteur et la tête.

Signe zodiacal : Bélier et Scorpion sont les signes qui exercent le mieux leur influence dans les cérémonies avec la bougie rouge.

Les personnes nées sous le signe du Bélier sont en général très fortes, mais aussi un peu brutales. Elles peuvent être de bons dirigeants, mais elles manquent de tact et de diplomatie.

Les Scorpions, par contre, sont des personnes qui s'interrogent beaucoup sur leur intériorité, ils aiment l'introspection et leur mission est de lutter au-delà de leur limite.

LA BOUGIE VERTE

La bougie verte symbolise la nature, le printemps, l'espoir, la capacité de communication et l'intelligence.

Son utilisation est appropriée pour les rituels visant à l'obtention des biens et l'orientation dans le chemin spirituel. Grâce à elle, il est possible d'aboutir à la responsabilité, la stabilité, la fidélité et la connaissance suprême ; par conséquent on peut également atteindre le succès professionnel. La réussite dans le domaine du travail se base sur toutes ces prémices, mais aussi sur l'ambition qui, si elle est bien dosée, constitue un stimulant pour la réalisation de ses propres objectifs, ce qui en général s'obtient grâce à la constance et à la précision avec laquelle l'individu remplit ses fonctions.

Voici ses caractéristiques principales.

Chiffre : le chiffre magique correspondant à la bougie verte est le sept, caractérisé par un symbolisme spécial, puisqu'il est en mesure de changer en un instant la vie d'une personne.

Couleur : le vert est la couleur de l'espoir, mais aussi de la nature, il représente l'aspiration à atteindre la perfection et la connaissance absolue. Cependant, le vert peut aussi symboliser des valeurs moins positives : si l'on n'atteint pas le juste équilibre, il peut donner lieu à la cruauté, à l'orgueil, à l'envie.

Fleur : on conseille d'accompagner la bougie verte d'une fleur de lotus qui représente la confiance en soi.

Heure : les heures les plus indiquées du samedi vont de six heures de l'après-midi jusqu'à la nuit avancée. Nous rappelons à ce propos que l'on parle toujours d'heures solaires.

Jour : le samedi est le jour le plus approprié pour l'utilisation de la bougie verte et pour demander humblement les faveurs associées à ce rituel, qu'elles soient d'ordre spirituel ou matériel.

Métal : dans ce cas-là, il ne s'agit pas d'un métal qui favorise, mais plutôt d'un métal qui protège. Le plomb est particulièrement indiqué pour les rituels avec la bougie verte, parce que grâce à sa structure solide, il repousse les radiations et facilite le chemin vers le but fixé.

Parfum et encens : les deux doivent être à l'opium, un dérivé du pavot qui alimente la flamme et permet de s'orienter dans les ténèbres afin d'atteindre les objectifs fixés.

Pierre : la plus indiquée est le jais, une variété de lignite provenant de la fossilisation des conifères, même si sa couleur ne correspond pas (le jais est, en effet, noir). Cette pierre est considérée comme le gardien de la spiritualité et, par association avec ces caractéristiques, elle représente une volonté de fer et infatigable.

Planète : la bougie verte est associée à l'une des planètes les plus grandes de notre système solaire, Saturne, qui symbolise l'ordre et la hiérarchie. Le dieu qui porte son nom était un guerrier, connu également pour ses mœurs licencieuses ; pour cette raison, Saturne représente le dualisme matériel de l'homme, la combinaison de ses vertus et de ses défauts.

Plante : pour ses caractéristiques de résistance, la plante la plus indiquée pour ce genre de cérémonie est le lierre, une plante rampante qui fait preuve d'obstination et de persévérance.

Santé : la bougie verte protège les parties les plus fragiles du corps humain et en particulier la structure osseuse, lors des chutes et des fractures. Au niveau mental, elle aide à éviter les maladies cérébrales provoquées par une faible irrigation sanguine et confère une grande longévité.

Signe zodiacal : le Verseau et le Capricorne sont les signes qui définissent le mieux les caractéristiques et le symbolisme attribués à la bougie verte.

Le Verseau représente la spiritualité, mais aussi la solidarité et les sentiments humanitaires. C'est le signe des révolutionnaires, des innovateurs, mais également de tous ceux qui sont enclins à la camaraderie.

Le Capricorne est, par contre, un signe instable, capable d'obtenir le meilleur, mais également de tomber en disgrâce pour son manque d'humilité et d'humanité. L'idéal est une combinaison de ces deux signes qui s'aident et se complètent.

LA BOUGIE VIOLETTE

Il s'agit d'une variante de la bougie pourpre qui est difficilement acceptée, tout comme la noire, à cause de ses connotations négatives associées à la mort. Il ne faut pas oublier qu'il s'agit d'une bougie qui a une valeur clairement féminine, parce que le violet favorise beaucoup plus les femmes que les hommes. Dans l'ensemble, cette bougie renforce les facultés visionnaires et paranormales en stimulant la clairvoyance et le contact avec le surnaturel.

Voici les caractéristiques générales.

Chiffre : à ce rituel ésotérique, correspond le chiffre trois qui symbolise l'union de l'âme, de l'esprit et du corps.

Couleur : le violet, à cause de sa dimension surnaturelle, est l'une des couleurs les plus utilisées, avec le pourpre, pour les vêtements dans la religion chrétienne.

Pour des raisons totalement différentes, elle est également le patrimoine du féminisme institutionnel (comme c'est le cas pour les organisations en faveur des droits de la femme). Elle est, en outre, une couleur très adaptée pour l'initiation à l'ésotérisme.

Fleur : bien entendu, la fleur la plus adaptée à ce rituel est la violette, qui facilite le contact avec les forces de l'occulte et l'accès aux connaissances qui s'y rapportent.

Heure : le pouvoir de la bougie violette s'accentue pendant les heures nocturnes, surtout les nuits de pleine lune.

Jour : le meilleur jour pour pratiquer le rituel avec la bougie violette est le vendredi, qui donne des possibilités accrues pour atteindre les objectifs fixés.

Parfum et encens : dans les deux cas, il est souhaitable d'avoir le parfum de la violette ; il faudra donc que les mains soient ointes avec ce parfum en même temps que brûlera dans la pièce l'encens correspondant.

Pierre : la turquoise est la pierre des mystiques, de tous ceux qui désirent atteindre un niveau spirituel élevé et de ceux qui possèdent la faculté d'entrer en contact avec l'au-delà. La turquoise est considérée comme une pierre talisman.

Planète : la planète correspondant à la bougie violette est Vénus, associée à la beauté, à la sensibilité et à l'harmonie. De plus, l'énergie magnétique de cette planète exerce une force d'attraction vers l'occulte et l'au-delà.

Santé : la bougie violette contribue à l'épanouissement de l'être humain dans sa globalité, tant dans les connaissances matérielles que dans les connaissances spirituelles. En ce qui concerne l'organisme, la bougie de cette couleur évite les infections et soigne les troubles des extrémités inférieures. Une autre de ses prérogatives est la protection contre tout type d'accoutumance.

Signe zodiacal : le Sagittaire et les Poissons sont les signes directement associés à la bougie violette. Le Sagittaire symbolise la philosophie et les vocations religieuses ; les personnes nées sous ce signe ont une personnalité affirmée, un esprit de combat et font preuve de solidarité. Il s'agit en outre de personnes très courageuses et généreuses. Les Poissons représentent par contre le sacrifice, l'humilité et la sensibilité. Ceux qui sont nés sous l'influence de ce signe présentent des tendances mystiques et se distinguent par leurs capacités médiumniques et la facilité avec laquelle ils arrivent à se mettre en contact avec l'au-delà.

LES BOUGIES ET LA SANTÉ

Parmi les innombrables utilisations des bougies, le pouvoir thérapeutique a une très grande importance.

Chaque couleur possède certaines caractéristiques spécifiques qui confèrent à la bougie des qualités thérapeutiques bien déterminées. Pour que l'on puisse choisir la bougie la plus adaptée à chaque trouble, nous allons fournir une liste des différentes couleurs avec leurs propriétés thérapeutiques respectives.

Blanc : c'est le symbole de la pureté. C'est la couleur la plus indiquée pour la concentration, la méditation et l'atteinte de la paix intérieure. Parmi ses propriétés, on trouve celle d'augmenter la production de lait chez la femme ; elle est en outre conseillée pour soigner la décalcification osseuse, les fractures et les maux de dents.

Bleu : c'est une couleur relaxante, indiquée pour le traitement des brûlures, des céphalées, de la fièvre, des douleurs menstruelles, de l'insomnie, des blessures superficielles, des brûlures dues à l'exposition solaire et des irritations de la gorge.

Bleu-violet : les propriétés dynamisantes et énergisantes de cette couleur, surtout en rapport avec la sphère mentale, la rendent particulièrement adaptée pour le soin de l'asthme, la dépression, les troubles mentaux et nerveux, les pneumonies, la tuberculose, la surdité, la maladie de Parkinson et les problèmes intestinaux.

Jaune : c'est une couleur qui a des propriétés stimulantes, indiquées pour soigner la constipation, le diabète, les indigestions, les douleurs menstruelles et les affections cutanées.

Orange : grâce à ses propriétés énergétiques (essentiellement dues à la partie de rouge présente dans la composition), cette couleur est indiquée pour soigner les troubles dus à l'asthme, à la bronchite, à la toux, à l'épuisement nerveux, à la constipation, à l'épilepsie et à l'arthrite.

Rose : il s'agit d'une couleur qui harmonise, protège, aide et rajeunit. Elle est particulièrement indiquée pour soigner les maladies cardiaques, l'anxiété, la dépression, les problèmes auditifs, les dysfonctionnements rénaux et la constipation.

Rouge : c'est la couleur qui contient le plus de vitalité et d'énergie, et, par conséquent, elle possède d'innombrables qualités énergisantes. Pour cette raison elle est utilisée pour soigner les tumeurs, la leucémie, les paralysies, les névralgies, les infections hépatiques, les gelures et la plupart des maladies graves.

Vert : c'est la couleur de la nature par excellence, également associée à la fertilité ; elle est indiquée pour soigner le cancer, les céphalées, les dysfonctionnements rénaux, les maladies dues aux refroidissements, l'hypertension, les problèmes nerveux et l'ulcère.

Vert bleuté : cette couleur aide à combattre le stress, équilibre l'organisme et élimine les tensions accumulées dans le corps. Elle est indiquée pour soigner les affections, les inflammations, les problèmes oculaires, les hypertensions, les altérations cutanées, les troubles du métabolisme et les brûlures.

Violet : cette couleur facilite la concentration, l'introspection, la méditation et la créativité. Elle est conseillée pour soigner l'asthme, les allergies, les thromboses, les rhumes, les troubles mentaux, le stress, les tumeurs de différentes localisations et les sinusites.

Plantes	*Indications*
Absinthe	rhume, fièvre
Achillée (millefeuille)	maladies hépatiques, courbatures, ulcères
Aigremoine	maladies hépathiques, ictère
Ail	asthme, arthrite, infections
Anis	asthme, bronchite
Camomille	coliques, inflammations, fièvre, troubles nerveux
Chardon	rhume, catarrhe
Cinnamome	grippe
Coriandre	fièvre
Fenouil	anxiété, constipation, douleurs menstruelles
Fleur de sureau	constipation, rhume, fièvre, hémorroïdes, impuissance
Genévrier	névralgie, ballonnements, rhumatismes
Gingembre	fièvre, douleurs menstruelles
Gingseng	troubles sexuels en général
Jasmin	impuissance
Lavande	fatigue, dépression, céphalées, entorses, impuissance, rhumatismes
Mandragore (racine)	impuissance, stérilité
Mauve	inflammation des amygdales
Menthe	céphalées, douleurs menstruelles
Ortie	asthme, maladies pulmonaires, ulcères, troubles intestinaux
Pissenlit (dent-de-lion)	maladies du foie, du pancréas et de la rate, constipation, problèmes de vessie et des organes sexuels féminins
Pouliot	fièvre, douleurs menstruelles
Romarin	rhume, état de faiblesse, stress, dépression, coliques, rhumatismes, paralysie
Rose	calculs rénaux
Safran	dépression, fièvre
Sauge	rhume, toux, fièvre, grippe, dépression, entorses, varices
Thym	fièvre, céphalées
Valériane	anxiété, stress, inflammations articulaires, insomnies, rhumatismes
Violette	infections en général

Le pouvoir thérapeutique ne siège toutefois pas dans la bougie elle-même, mais en général il est associé à l'utilisation de plantes médicinales ou d'herbes. Afin de vous faciliter le choix, dans le schéma ci-contre nous avons indiqué les caractéristiques principales de chaque plante dotée de propriétés thérapeutiques.

Une fois choisies la couleur de la bougie et la plante correspondant au malaise que l'on veut traiter, on passera à la préparation de la bougie thérapeutique selon le procédé que voici.

Il faut mettre de la paraffine et de la cire d'abeille dans un grand pot en cuivre, immergé à son tour dans un autre pot contenant de l'eau en ébullition. Quand la paraffine et la cire seront complètement fondues, on ajoutera l'herbe thérapeutique en poudre et la mine broyée d'un crayon de la couleur choisie, en récitant les paroles suivantes :

Cire, paraffine, herbe fine,
unissez-vous dans une sainte communion.
Travaillez ensemble en conjonction
pour que la bougie agisse en médecine.

On coupera ensuite un morceau de mèche en fixant son extrémité inférieure à un écrou qui servira de contrepoids ; ce dernier étant placé au fond du moule, en position centrale, on verse alors petit à petit la cire fondue. Il sera donc nécessaire d'attendre que le tout soit redevenu froid et solide.

Nous rappelons qu'il est préférable de préparer ces bougies pendant la phase de lune croissante, puisque de cette façon on en renforcera les effets bénéfiques et on augmentera par conséquent leurs pouvoirs thérapeutiques.

LE RITUEL THÉRAPEUTIQUE

Puisque nous disposons maintenant d'une bougie adaptée aux caractéristiques thérapeutiques concrètes, il sera possible de commencer le rituel ou la cérémonie de soin. Il existe autant de sortes de rituels que de maîtres de cérémonie ; nous allons illustrer ici un ancien rituel typique des cérémonies magiques méditerranéennes qui se sont développées au cours des siècles dans la zone comprise entre le Levant espagnol et l'Italie du Nord-Est.

Selon le moment de la journée et l'heure les plus adaptés, on trace un cercle par terre à l'aide d'un morceau de craie, d'un diamètre qui doit correspondre à la taille du maître de cérémonie. Peu importe que l'on se trouve dans un lieu fermé ou ouvert, mais dans ce dernier cas, il est préférable d'utiliser de la peinture ou de la chaux, puisque avec la craie on pourrait avoir du mal à dessiner le cercle de façon nette. On prendra ensuite une petite quantité de poudre de la même plante qui a été utilisée pour préparer la bougie thérapeutique, et on la dispersera dans toutes les directions, en commençant toujours par le nord et en continuant dans le sens des aiguilles d'une montre. Pendant que l'on accomplit cette opération il faut réciter les paroles suivantes :

Avec la poudre de
(prononcez le nom de la plante ou de l'herbe utilisée)
je protège le cercle des mauvais esprits.
Dehors !
J'appelle les esprits bienveillants.
Venez !
Je leur demande qu'ils m'aident pour la bonne réalisation des rites que je suis sur le point de célébrer.

Le cercle est maintenant purifié des éventuelles négativités, il convient donc d'y placer en son centre une grosse pierre plate et lisse qui aura la fonction d'un autel.

Cette pierre, si possible, ne doit pas se trouver en contact direct avec le sol, mais elle doit être appuyée sur deux autres pierres, une de chaque côté.

Sur la pierre-autel, en position centrale, on placera la bougie thérapeutique et, à sa droite ou à sa gauche (si l'officiant est droitier ou gaucher), on placera une photographie de la personne qui doit être la bénéficiaire du rituel. Si l'on ne possède pas de photographie, il suffit que le maître de cérémonie se concentre sur la personne en question pendant l'invocation et pendant toute la durée de la cérémonie. À ce moment-là on répétera la formule énoncée précédemment :

Avec la poudre de
(prononcez le nom de la plante ou de l'herbe utilisée)
je protège le cercle des mauvais esprits.
Dehors !
J'appelle les esprits bienveillants.
Venez !
Je leur demande qu'ils m'aident pour la bonne réalisation des rites que je suis sur le point de célébrer.

La phase suivante consiste à allumer la bougie. Le maître de cérémonie, toujours concentré sur la personne bénéficiaire du rituel, se tournera vers le nord en récitant les paroles suivantes :

Pour la grâce qui m'a été octroyée
je demande l'aide de tous les bons esprits
pour que
(citez le nom de la personne à qui le rituel est destiné)
bénéficie des effets de cette cérémonie,
que j'accomplis avec humilité et ferveur.

L'officiant devra donc répéter la même formule tourné vers l'est, le sud et, enfin, vers l'ouest. Il prendra ensuite la photographie de la personne et la lèvera devant lui en récitant les paroles suivantes d'abord vers le nord, ensuite vers l'est, puis vers le sud et, enfin, vers l'ouest :

Je désire avec humilité et ferveur que
(citez le nom de la personne à qui le rituel est destiné)
puisse guérir de la maladie
(ou trouble dont elle souffre)
et que cette imploration (la) libère à jamais de son mal
grâce à l'action que l'on entreprend aujourd'hui afin d'aider
(citez le nom de la personne à qui le rituel est destiné).

Nous rappelons que tout le rituel doit être pratiqué avec une concentration maximale, en pensant toujours à la personne que l'on désire aider en la visualisant mentalement parfaitement saine, c'est-à-dire libérée du mal qui l'afflige à ce moment-là.

S'il s'agit d'une personne experte et bien préparée, l'officiant pourra garder la concentration pendant tout le temps où la bougie reste allumée : dans ce cas, les probabilités que le rituel exerce une action bénéfique augmentent de façon considérable. Au cas où l'officiant est par contre un débutant ou une personne peu préparée pour ce genre de travail du point de vue physique et mental, il est préférable de ne pas attendre que la bougie soit complètement consumée. Dans ce dernier cas, si la cérémonie a lieu à l'extérieur, on éteindra la bougie par un souffle rapide, en plaçant la main derrière la flamme afin d'éviter la dispersion de la cire liquide.

Pour conclure la cérémonie, il faut se diriger vers chacun des points cardinaux en remerciant en silence de l'aide reçue par une légère flexion de la tête. Il faut alors sortir du cercle et l'effacer, ou bien couvrir la chaux ou la peinture avec du sable ou de la terre. Pour cette opération, il est important de procéder dans le sens contraire des aiguilles d'une montre.

Enfin, on lancera en l'air de petites quantités de poudre de l'herbe ou de la plante thérapeutique utilisée pour la préparation de la bougie et dans les différentes phases du rituel décrit.

LES BOUGIES À LA MAISON

Dans l'Antiquité, le premier lieu où l'on a commencé à célébrer les rituels magiques a été la maison, la demeure où l'on vivait. Le terme *occultisme* fait référence aux endroits où ces rituels ou cérémonies se déroulaient ; bien entendu, à certaines époques, l'endroit le plus « occulte » où l'on pouvait effectuer tranquillement ses propres invocations était l'intérieur de son habitation, où les « magiciens » et les « sorciers » ne pouvaient pas être découverts, ni considérés comme des incarnations du démon.

La tradition de célébrer les invocations à l'extérieur vint par la suite, inspirée d'une autre habitude ancienne qui voulait que l'homme se trouvât le plus près possible de la nature. À cette époque remonte la naissance des légendes, basées sur des faits réels, des invocations à différentes divinités (du bien et du mal), qui choisissent comme décors les cimes des montagnes, les forêts profondes, des lieux ou des positions stratégiques orientés vers une étoile ou une planète bien déterminée, etc.

Abstraction faite du lieu choisi pour la célébration des rituels, il est indéniable que la maison a toujours été l'un des premiers lieux que l'homme a toujours voulu « nettoyer » ou libérer des influences négatives et malignes.

Dans presque toutes les civilisations et les cultures, la demeure familiale a toujours été considérée comme un lieu sacré, et le besoin de protéger la famille a toujours été accompagné de l'exigence d'éloigner de l'environnement domestique les éventuelles influences négatives.

MAGIE À LA MAISON ET POUR LA MAISON

Il n'est pas possible de donner un aperçu des utilisations et des coutumes relatives à la protection de la maison et de la famille adoptées par différentes cultures, puisque chacune d'entre elles possède ses particularités.

Toutefois, il est certain que toutes faisaient une utilisation généralisée du feu qui, dans de nombreux cas, était une source de vie et de survie.

Le feu était, en soi, presque un élément de culte et sa flamme était constamment allumée tant dans les lieux publics protégés que dans les maisons privées, d'abord dans les pièces principales et par la suite dans les locaux destinés à cette fonction.

Au début, ces feux étaient exclusivement alimentés pour des raisons de survie, mais ils commencèrent ensuite à être consacrés à différentes divinités qui pouvaient être communes à toute la tribu, au peuple ou à la culture, ou bien, pour chacune des familles qui les vénéraient.

Au fil des siècles, ces divinités familières se sont transformées en êtres avec leur identité propre, en esprits et en lutins qui, bien qu'invisibles, étaient supposés vivre dans les maisons avec le reste de la famille.

C'est à partir de ces croyances, arrivées jusqu'à nous, que sont nées les différentes superstitions concernant des entités surnaturelles qui habiteraient les demeures des mortels (des palais anciens, des châteaux et également les habitations communes).

La protection des maisons contre les mauvais esprits est donc toujours associée au feu.

Dans toutes les maisons on brûlait différentes variétés de plantes pour différentes raisons et à des fins multiples : pour répandre des arômes agréables, pour pratiquer des rituels thérapeutiques, pour éloigner les influences négatives, et aussi pour éviter que n'entrent dans la maison les maladies qui, périodiquement, ravageaient des villes et des pays entiers.

Par le passé on croyait à l'existence de bons esprits qui protégeaient les habitants de la maison contre les vols, les sorcelleries, etc. ; les familles, lorsqu'elles déménageaient, pour conserver cette protection essayaient d'emmener avec elles leurs entités bénéfiques. Le système le plus répandu consistait à prendre un morceau de braise de la cheminée de la maison qu'on allait quitter, pour l'utiliser afin d'allumer le premier feu dans la cheminée de la nouvelle habitation. Cette tradition a survécu, d'une certaine façon, à travers l'utilisation de la « crémaillère » avec laquelle on fête l'emménagement dans le nouvel appartement.

Il existait et il existe encore différentes sortes de plantes, chacune avec leurs caractéristiques particulières qui peuvent être utilisées à des fins les plus diverses.

Parmi celles qui étaient traditionnellement brûlées dans les maisons pour les libérer de la négativité et pour favoriser la guérison des personnes qui y habitaient, certaines sont particulièrement connues : anis, clou de girofle, coriandre, lavande, citron, lilas, pétales de rose et de violette. Afin d'éloigner les forces du mal, on utilisait souvent le basilic, le laurier, la fougère, l'ail, le lilas, la racine de mandragore, le gui, le santal et l'achillée.

LES RITUELS POUR PROTÉGER LA MAISON DE LA MALCHANCE

Comme conséquence des traditions anciennes, la maison, en tant que bien principal de la personne ou de la famille entière, a toujours été le lieu le plus aimé et le plus apprécié donc, au fil des siècles elle a fait l'objet de nombreux rituels de protection.

En général il n'est pas nécessaire aujourd'hui d'avoir recours à des rituels de ce genre puisque les maisons où l'on vit sont construites depuis peu ou habitées depuis peu de générations ; il s'agit d'endroits avec une histoire récente, qui ont rarement été habités par des personnes susceptibles de laisser une empreinte ou une trace de négativité.

Il peut se révéler utile, par contre, d'avoir recours à des rituels de protection dans le cas d'habitations très anciennes (les résidences reçues en héritage) ou construites sur des terrains qui ont été le théâtre d'accidents individuels ou collectifs.

La bénédiction d'une maison nouvelle ou ancienne, ou une cérémonie pour la protéger des influences négatives, pour éloigner la malchance, pour éviter qu'elle ne soit frappée par la foudre, pour « nettoyer » une partie déterminée de la maison, pour éviter les cambriolages et les intrusions, ou, tout simplement, pour faire en sorte qu'au sein de la maison règne une atmosphère domestique de paix et de concorde, sont tous des rituels qui peuvent être de toute façon pratiqués, même s'il ne semble pas y avoir de raison à ce qu'ait lieu cette sorte d'événement et même s'il n'est jamais rien arrivé de semblable par le passé.

Les rituels illustrés dans ce chapitre ne répondent pas à des règles préétablies, et cela parce qu'ils se sont développés de façon autonome et ont été légués oralement de génération en génération en se diversifiant d'une région à l'autre.

Par ailleurs, l'aspect déterminant n'est pas situé dans le rituel lui-même, mais plutôt dans la foi de celui qui le pratique. Comme c'est le cas dans les implorations thérapeutiques décrites dans le chapitre précédent ; ces rituels ne sont véritablement efficaces que si l'officiant croit réellement en leur pouvoir.

En effet, la force psychique attribuée au rituel par la personne qui le pratique est l'élément qui détermine pour la plupart la bonne réussite de la cérémonie. À ce propos nous rappelons une nouvelle fois qu'une bonne concentration est fondamentale pour obtenir le résultat souhaité.

RITUEL POUR DEMANDER LA PROTECTION D'UNE NOUVELLE MAISON

Éléments nécessaires : quatre bougies blanches, poudre d'anis, chaux ou craie, allumettes en bois, boussole, et un plan de la maison ou de l'appartement.

Procédé : il n'est pas indispensable d'avoir la boussole si l'on a un bon sens de l'orientation, mais elle est de toute façon très utile pour trouver exactement les quatre points cardinaux. Une fois ceux-ci déterminés, on dessinera un cercle autour de la maison (s'il s'agit d'un appartement, il suffit de marquer avec un morceau de craie les quatre points cardinaux à l'intérieur de l'habitation, de préférence à proximité des murs extérieurs).

Au centre du cercle on placera les plans de la maison (ou de l'appartement), avec quatre bougies autour, placées à environ soixante centimètres du centre et en correspondance avec les quatre points cardinaux.

Rituel : l'officiant se mettra à l'intérieur du cercle sans piétiner les plans et essaiera de se concentrer sur le travail à réaliser en se relaxant physiquement et mentalement jusqu'à atteindre la concentration maximale.

Il se déplacera ensuite vers l'extérieur en correspondance du point qui indique le nord, et il s'arrêtera pour dire la formule suivante :

À l'intérieur de ce cercle,
maison de la famille
(citez les noms des personnes qui l'habitent)
rien ni personne n'y entrera
à moins qu'il n'entretienne de bonnes relations avec les forces du bien,
rien ni personne
qui puisse troubler la paix de la famille
(citez les noms des personnes qui l'habitent)

Ensuite, l'officiant, en suivant la ligne à l'intérieur du cercle et sans la piétiner, fera quatre fois le tour de la maison dans le sens des aiguilles d'une montre ; en revenant enfin en face du nord il répétera :

À l'intérieur de ce cercle,
maison de la famille
(citez les noms des personnes qui l'habitent)
rien ni personne n'y entrera
à moins qu'il n'entretienne de bonnes relations avec les forces du bien,
rien ni personne
qui puisse troubler la paix de la famille
(citez les noms des personnes qui l'habitent)

L'officiant retournera ensuite au centre du cercle, allumera les quatre bougies et laissera tomber la poudre d'anis sur le plan de la maison, en récitant les paroles suivantes :

Je consacre les murs de cette maison
pour qu'ils empêchent d'entrer la négativité
qu'il en soit ainsi !
Je consacre ce lieu comme la demeure de
(citez les noms des personnes qui l'habitent)
pour qu'ils vivent en paix et en harmonie.
Qu'il en soit ainsi !
Je consacre tout ce qu'il y a ici
pour que ceux qui y résident y trouvent
le bonheur éternel.
Qu'il en soit ainsi !

Pour terminer on laissera se consumer les bougies, pendant que l'officiant parcourra mentalement toutes les parties de la maison, en commençant par les murs extérieurs jusqu'au point où il se trouve, c'est-à-dire le centre du cercle.

En observant les normes générales du rituel, il est conseillé de vérifier quels sont le jour, l'heure, la position astrale et solaire les plus indiqués. Dans le cas présent, il convient de choisir le lundi, jour commandé par le signe de la Balance, avec une lune en phase croissante. Le moment le plus adapté de la journée est l'après-midi.

Rituel pour demander la protection d'une maison ancienne qui a déjà été habitée

Éléments nécessaires : quatre bougies blanches, quatre bougies rouges, poudre de citronnier, chaux ou craie, allumettes en bois, une boussole, plan de la maison ou de l'appartement.

Procédé : si l'on n'est pas pourvu d'un bon sens de l'orientation on aura recours à la boussole pour localiser les quatre points cardinaux. Avec la chaux on dessinera un cercle autour de la maison (s'il s'agit d'un appartement, il suffit de marquer avec un morceau de craie, les quatre points cardinaux à l'intérieur de l'habitation, à proximité si possible des murs extérieurs) et le long du tracé, on marquera les quatre points cardinaux en plaçant une bougie rouge en correspondance de chaque point.

Au centre du cercle on placera le plan de la maison (ou de l'appartement) avec quatre bougies blanches disposées autour à environ soixante centimètres du centre, toujours en correspondance avec les quatre points cardinaux.

Rituel : l'officiant se placera à l'intérieur du cercle, et sans piétiner les plans il se concentrera sur le travail à effectuer en essayant de se relaxer physiquement et mentalement pour atteindre une concentration maximale.

Ensuite, on allumera quatre bougies blanches et on laissera tomber la poudre de citronnier sur les plans de la maison en récitant en même temps les paroles suivantes :

J'invoque tous les esprits qui habitent cette maison
pour qu'ils sortent d'ici.
Dehors !
J'exige que tous les esprits qui habitent cette maison
sortent d'ici.
Dehors !

Il se déplacera ensuite vers l'extérieur du cercle de chaux, en correspondance avec le point qui indique le nord, il allumera la bougie rouge placée précédemment et récitera la formule suivante :

À l'intérieur de ce cercle,
maison de la famille
(citez les noms des personnes qui l'habitent)
aucune influence maléfique n'entrera.
Qu'il en soit ainsi !
Rien ni personne qui puisse troubler la paix de la famille
(citez les noms des personnes qui l'habitent)
n'aura accès à l'intérieur de ce cercle.
Qu'il en soit ainsi !

Par la suite, l'officiant, tout en suivant l'intérieur de la ligne du cercle, fera quatre fois le tour de la maison dans le sens des aiguilles d'une montre en allumant les trois autres bougies rouges, et revenant enfin en face du nord répétera :

À l'intérieur de ce cercle,
maison de la famille
(citez les noms des personnes qui l'habitent)
aucune influence maléfique n'entrera.
Qu'il en soit ainsi !
Rien ni personne qui puisse troubler la paix de la famille
(citez les noms des personnes qui l'habitent)
n'aura accès à l'intérieur de ce cercle.
Qu'il en soit ainsi !

Pour conclure, on laissera se consumer les bougies pendant que l'officiant retournera au centre du cercle.

Pour le rituel décrit, on conseille de choisir le mardi, commandé par le signe du Bélier avec la lune en phase croissante, le moment idéal de la journée étant l'aube.

Rituel pour éloigner le malheur d'une maison

Éléments nécessaires : autant de bougies de couleur violette que la maison comporte de pièces, poudre de lilas en abondance, chaux ou craie, allumettes en bois, une boussole.

Procédé : la boussole servira à localiser les quatre points cardinaux de chaque pièce de la maison. Après les avoir trouvés et marqués avec la chaux ou un morceau de craie, on tracera un cercle à l'intérieur de chaque pièce, en y plaçant une bougie violette éteinte.

Rituel : l'officiant se mettra au point le plus bas de la maison (dans la cave, s'il en existe une) et se concentrera sur le travail à effectuer, en se relaxant physiquement et mentalement jusqu'à atteindre la concentration maximale. Une fois placé sur le point qui indique le nord, et après avoir atteint un niveau de concentration suffisant, il parcourra la pièce du nord au sud et de l'est à l'ouest, en marchant le long des murs et en lançant la poudre de lilas à partir de chaque paroi vers le centre du cercle, tout en prononçant les paroles suivantes :

En utilisant cette poudre je fais en sorte que tout type
de malheur quitte les murs de la pièce.
Amen !
En utilisant cette poudre je concentre tous les malheurs
à l'intérieur du cercle.
Amen !
Les poudres de lilas retiendront les malheurs
à l'intérieur du cercle magique pour qu'ils ne s'échappent
pas.
Qu'il en soit ainsi !

Par ce rituel l'officiant fera en sorte que les malheurs éventuels ne puissent pas continuer à se cacher dans les recoins les plus inattendus de la maison, en les concentrant au centre du cercle de la pièce en question.

Ce procédé doit être répété pour chaque pièce de la maison, en partant toujours du bas vers le haut, jusqu'à arriver aux combles ou à la terrasse (s'ils existent).

Une fois les malheurs éventuels de la maison « emprisonnés » à l'intérieur des cercles des pièces, l'officiant se dirigera dans le cercle de la première pièce d'où il est parti. Avant d'entrer dans le cercle, il lancera un peu de poudre de lilas en prononçant les paroles suivantes :

Que le pouvoir que les poudres de lilas m'ont octroyé
élimine les influences négatives de la pièce.
Qu'il en soit ainsi !
En utilisant cette poudre je neutralise les malédictions
et les malheurs de cette pièce.
Amen !

Après avoir prononcé ces paroles, les malheurs ne pourront plus frapper la personne qui effectue le rituel, par conséquent, elle pourra sans danger entrer dans le cercle. Une fois à l'intérieur du cercle, elle allumera la bougie violette, en prononçant en même temps les paroles suivantes :

Que le feu de cette bougie magique
brûle les malheurs.
Dehors !
Que les malheurs qui habitent dans cette maison
disparaissent dans le feu de la flamme magique.
Dehors !
Que la fumée de la flamme de la bougie magique
emporte à jamais les malheurs
et jamais, jamais plus,
ils ne rentreront dans cette maison.
Dehors ! Dehors !
Dehors !

Ce procédé doit être répété dans chaque pièce, en partant toujours de la partie la plus basse de la maison pour arriver à la plus haute.

Pour conclure, on reviendra de nouveau dans la première pièce et on éteindra la bougie en soufflant dans la direction du nord en procédant de la même façon pour les autres pièces et en respectant toujours le même ordre suivi pour les imprécations précédentes.

Pour le rituel que l'on vient de décrire on conseille de choisir un mardi 13, si possible avec la lune en phase croissante. Le moment le mieux adapté de la journée serait midi.

RITUEL POUR ÉVITER LE MALHEUR DANS UNE MAISON

Éléments nécessaires : quatre bougies vertes, quatre bougies jaunes, une bougie violette, poudre de basilic en abondance, chaux ou craie, allumettes en bois, une boussole.

Procédé : la boussole servira pour localiser les quatre points cardinaux autour de la maison (ou autour de l'appartement, à proximité des murs extérieurs). Une fois ceux-ci trouvés et marqués, on placera une bougie verte en correspondance avec chaque point ; avec la chaux on tracera donc un cercle à l'extérieur de la maison, en plaçant en son centre une bougie violette.

Rituel : l'officiant se placera au centre du cercle et se concentrera sur le travail à effectuer, en se relaxant physiquement et mentalement, jusqu'à atteindre une concentration maximale. Ensuite il se dirigera vers le signe indiquant le nord et récitera la prière suivante :

Grâce aux pouvoirs magiques de ces herbes
j'invoque les bons esprits
pour qu'ils protègent l'intérieur du cercle
de toutes sortes de malheurs.

Il éparpillera ensuite une poignée de basilic à l'extérieur du cercle. Il récitera alors la même prière et fera le même geste aux points qui indiquent l'est, le sud et l'ouest.

De nouveau revenu au nord, et avant d'arriver à l'est, il s'arrêtera exactement au milieu de ces deux points (en correspondance avec le nord-est), et y placera une bougie jaune. La même opération doit être répétée aux points correspondant au sud-est, sud-ouest et nord-ouest.

Immobile devant le point du nord-est, l'officiant récitera ensuite la nouvelle invocation :

À partir de ce point le cercle magique commence à se fermer,
quand l'invocation sera terminée, la protection sera totale.
Aucun malheur ne pourra frapper les habitants de la maison.
Plus rien ni personne ne dérangera ceux qui habitent dans
cette maison.

Il lancera ensuite une autre poignée de poudre de basilic. Il répétera ensuite la même formule et la même opération, en se plaçant sur les points correspondant au sud-est, sud-ouest et nord-ouest. Pour terminer, l'officiant commencera à allumer les bougies en partant de celles placées en correspondance avec le nord et poursuivant dans le sens des aiguilles d'une montre. Quand toutes les bougies seront allumées, il fera de même avec celle placée au centre du cercle et, en se plaçant à côté de cette dernière, il éparpillera la poudre de basilic dans les quatre directions en récitant l'invocation suivante :

Ces poudres magiques fermeront tous les passages
que la magie des bougies peut avoir laissés.
Amen !
Avec cette poudre j'éloigne tous les malheurs
du cercle de protection.
Amen !
Que le pouvoir des bougies et des herbes ferment à jamais
cette maison et la protègent éternellement des malheurs.
Qu'il en soit ainsi !

Par ce rituel, l'officiant fera en sorte que les malheurs éventuels ne puissent plus entrer dans la maison.

À la fin, l'officiant va éteindre toutes les bougies correspondant aux points cardinaux, en partant de celle du nord et en ne laissant allumée que celle placée au centre du cercle. Cette dernière doit être gardée sous surveillance, car lorsqu'on se trouve dans un endroit fermé, le danger des incendies n'est jamais à exclure. Quand elle se sera éteinte seule, on pourra enfin rassembler tout le matériel utilisé en étant certain que la maison sera protégée contre tous les malheurs provenant de l'extérieur.

Pour ce rituel, on conseille de choisir le jeudi, jour commandé par le signe du Lion, avec une lune en phase croissante. Le moment idéal au cours de la journée sera l'après-midi.

Rituel pour éloigner le mauvais sort d'une maison

Éléments nécessaires : trois bougies violettes, un pot contenant une poignée de poudre de lilas, chaux ou craie, allumettes en bois, une boussole.

Procédé : la boussole va servir pour trouver le nord de la maison. Au centre de la pièce qui se trouve le plus au nord on tracera, avec la chaux ou la craie, un triangle isocèle le plus grand possible en fonction des dimensions de la pièce. Le sommet du triangle doit être orienté en direction de la fenêtre ouverte de la pièce.

À l'intérieur du sommet on placera le pot contenant la poudre de lilas. Les bougies doivent être placées en correspondance avec les trois angles.

Rituel : l'officiant se mettra au centre du triangle, tourné vers la fenêtre ouverte et, si possible, en tournant le dos à un mur. Cette position contribuera à concentrer toutes les énergies dans un point unique et évitera que les forces que l'on veut éloigner n'entrent au lieu de sortir par la fenêtre ouverte.

Avant de passer à la phase suivante, l'officiant doit se concentrer sur l'objectif à atteindre. Pour cela il doit effectuer les exercices de relaxation nécessaires, en respirant lentement et rythmiquement, avec des inspirations et des expirations profondes qui aident à intérioriser les effets bénéfiques provenant du contrôle de soi, afin de pouvoir les orienter ensuite vers le but désiré.

Partant de sa position privilégiée, l'officiant se dirigera vers la bougie qui se trouve au niveau du sommet et l'allumera avec une allumette en bois ; il répétera donc la même opération avec les autres bougies, en se déplaçant dans le sens des aiguilles d'une montre et en utilisant à chaque fois une nouvelle allumette. À la fin, il retournera à sa place au centre du triangle.

Là, il se concentrera à nouveau et, une fois atteint un niveau de concentration optimal, il ouvrira les yeux, en tournant le regard vers la lumière qui vient de la fenêtre. Avec le regard dirigé dans cette direction, il va réciter mentalement les paroles suivantes :

Sans plus attendre tu quitteras ma maison,
tu ne reviendras pas en tant que malheur.
Abandonne cette demeure et souviens-toi :
tu ne reviendras plus jamais.

Ensuite, l'officiant respirera profondément et, de la main droite, il prendra la poudre de lilas qu'il aura placée auparavant à côté de lui. Puis, lentement, il passera la poudre de la main droite à la main gauche, répétant cette action trois fois. À la fin, avec la main gauche, il lancera la poudre dehors par la fenêtre, et répétera ensuite la formule mais cette fois à haute voix :

Sans plus attendre tu quitteras ma maison,
tu ne reviendras pas en tant que malheur.
Abandonne cette demeure et souviens-toi :
tu ne reviendras plus jamais.

Il ajoutera ensuite :

Chance désirée,
tu peux entrer dans ma maison,
puisqu'il n'existe plus aucun mal
qui puisse nous troubler.

Après avoir prononcé ces paroles, le mauvais sort qui aurait éventuellement atteint la maison, et par conséquent ses habitants, laissera sa place à la chance. L'officiant éteindra enfin les bougies en procédant dans le sens inverse du sens utilisé pour les allumer, et les gardera pour une prochaine occasion, enroulées dans du papier blanc. Il est souhaitable d'utiliser ce rituel au printemps, si possible le mercredi et à la lumière du jour.

RITUEL POUR ÉVITER LE MAUVAIS SORT DANS UNE MAISON

Éléments nécessaires : treize bougies jaunes, beaucoup de poudre de fougère, un petit pot, de la chaux ou de la craie, des allumettes en bois, une boussole.

Procédé : l'officiant se placera au centre de la pièce la plus proche de la porte d'entrée de la maison (s'il y a plusieurs accès, il convient de choisir la pièce la plus proche de l'entrée principale).

Dans cette pièce, l'officiant localisera les quatre points cardinaux, les marquera à la chaux ou à la craie en les éloignant d'une distance d'un mètre trente l'un de l'autre et autour de chacun d'entre eux il tracera un cercle d'un rayon de treize centimètres.

À l'intérieur de chacun des quatre cercles, il disposera trois bougies jaunes ; la bougie restante doit par contre être placée au point d'intersection des lignes imaginaires unissant les points nord-sud et est-ouest.

Ensuite, en prenant pour centre le point où a été placée la dernière bougie, on tracera un cercle qui unira les quatre points cardinaux à l'aide de la poudre de fougère, on le partagera par la suite en deux moitiés.

Ce tracé, qui à première vue peut sembler compliqué, est en réalité très facile à réaliser si l'on suit attentivement les instructions fournies. Par ailleurs, la disposition particulière du cercle et sa division en deux parties ont une importance extrême puisque le demi-cercle qui se trouvera derrière l'officiant lui servira de protection et empêchera le passage du mauvais sort.

À ce point, avant de commencer le rituel, on placera le pot avec la poudre de fougère au centre du cercle avec la treizième bougie.

Rituel : pour commencer la cérémonie, l'officiant se placera dans la moitié du demi-cercle le plus éloigné de la porte d'entrée de la maison, face à la bougie et à la poudre de fougère. Là, il se relaxera physiquement et mentalement en s'aidant des exercices de respiration, en se concentrant sur le travail à réaliser.

Après s'être concentré, il se dirigera vers le petit cercle qui indique le nord et allumera les trois bougies en répétant entre temps à voix basse :

Tu ne resteras pas ici.

Cette phrase doit être prononcée à chaque fois qu'on allume une bougie, en répétant l'opération pour chaque point cardinal dans le sens des aiguilles d'une montre. Quand toutes les bougies seront allumées (mise à part celle du centre), l'officiant entrera vers le centre du cercle pour allumer la poudre de fougère tout en récitant la formule suivante :

Chance désirée
empêche que le malheur entre dans cette maison,
protège-la du mauvais sort
et fais en sorte que ces gens vivent en paix dans leur demeure.

Après quelques instants de relaxation, l'officiant allumera la bougie centrale, la seule encore éteinte, puis il tendra les bras devant celle-ci et avec les paumes tournées vers la porte d'entrée, il récitera les phrases suivantes (s'adressant au mauvais sort) :

Tu n'as pas la permission. Tu ne peux pas rentrer.
Ne viens pas me chercher, ne cherche pas mon malheur,
puisque je ne te cherche pas et ne t'ai jamais appelé.
Souviens-toi : tu ne dois pas rester ici.
N'oublie pas que tu ne dois pas
et tu ne peux pas violer ma maison ;
pense seulement à ne jamais plus revenir.
Oublie mon nom, ma vie et ma maison,
et souviens-toi de ces paroles : « plus jamais ».
Souviens-toi et ne l'oublie pas, ici tu ne rentreras
plus, plus, plus jamais.

Par ce rituel on empêche ou l'on entrave l'entrée du mauvais sort dans la maison. Les périodes de l'année où l'on peut obtenir les résultats les meilleurs sont le printemps et l'automne ; en outre, il est préférable de choisir un mardi 13 : en pratiquant le rituel ce jour, il est plus facile que cette imploration garantisse une protection totale pendant treize années consécutives, période après laquelle il conviendra donc de répéter la cérémonie. Enfin, nous rappelons qu'il est préférable de laisser les bougies allumées jusqu'à ce qu'elles soient complètement consumées, puisqu'elles ne peuvent pas être réutilisées pour une autre cérémonie et, dans tous les cas, il est déconseillé de les allumer de nouveau.

Rituel pour éviter cambriolages et intrusions dans la maison

Éléments nécessaires : quatre bougies de couleur orange, poudre de coriandre en abondance, chaux ou craie, une copie des clés de la maison, des allumettes en bois.

Procédé : l'officiant tracera à environ vingt centimètres de la porte d'entrée de la maison une ligne droite longue d'un mètre environ et parallèle à la porte. La surface du sol sera donc partagée en deux parties.

Dans la partie la plus éloignée par rapport à la porte, en position centrale, on formera un cercle d'environ trente centimètres de diamètre avec la poudre de coriandre ; à l'intérieur de ce cercle, on placera les quatre bougies de façon à former un autre cercle, au centre de ce dernier, on placera la copie de la clé.

Rituel : l'officiant se placera face aux cercles formés par la poudre et par les bougies ; il s'assiéra ensuite en prenant la position la plus confortable pour effectuer les exercices de relaxation.

Une fois le degré de concentration optimal atteint, l'officiant lèvera les bras et les tendra vers l'avant, avec les paumes bien levées, comme s'il voulait accomplir le geste d'empêcher l'accès à d'éventuelles énergies négatives venant de l'extérieur.

Il concentrera ensuite toute son attention sur la clé, en lui transmettant mentalement le message de favoriser uniquement les désirs de l'officiant et de ne jamais permettre l'accès de la maison à des inconnus.

À ce moment-là, l'officiant allumera toutes les bougies, en commençant par la plus proche de la porte d'entrée et en continuant dans le sens des aiguilles d'une montre ; pour chaque bougie allumée il devra répéter les paroles suivantes :

Tu devras protéger ma maison.

Quand toutes les bougies auront été allumées et la phrase répétée quatre fois, l'officiant recouvrira la clé avec la poudre de coriandre, en récitant en même temps la formule suivante :

Clé qui protège mon habitation, ma maison.
Clé qui empêche l'accès au mal.
Tu refuseras le passage aux inconnus.
Tu ne laisseras rien passer que je ne veuille.

Ces paroles devront être encore répétées deux fois et, avant de conclure, l'officiant récitera de nouveau la phrase prononcée au début de la cérémonie :

Tu devras protéger ma maison.

La dernière phase du rituel prévoit que l'officiant éteigne les bougies avec la poudre d'herbe précédemment déposée sur la clé, en procédant cette fois aussi dans le sens des aiguilles d'une montre et en formulant également le souhait final :

Qu'il en soit ainsi !

Nous rappelons qu'il est préférable de célébrer ce rituel au début de l'année, en pleine lumière solaire, de préférence un mercredi et, si possible, avec la lune en phase croissante.

RITUEL POUR DEMANDER LA PROTECTION CONTRE LE MAL

Dans ce cas précis, il s'agit de protéger la maison du mal et non pas d'éloigner le mal de la maison ; cette tâche n'est pas adaptée à un officiant peu expert et peu préparé, il est préférable de confier ce rôle à un prêtre ou à une personne profondément croyante et dotée d'une force spirituelle intense.

Éléments nécessaires : six bougies blanches, un pot avec de la poudre d'achillée, de la chaux ou de la craie, une boussole, des allumettes en bois, un autel.

Procédé : sur le seuil de la maison, devant la porte d'entrée, on préparera un autel en traçant autour un cercle de six mètres de diamètre ; on placera une bougie blanche en correspondance avec les quatre points cardinaux.

Les deux autres bougies seront placées sur l'autel, l'une à droite et l'autre à gauche, avec au milieu le pot contenant la poudre d'achillée.

Pour célébrer cette cérémonie l'officiant doit porter une tunique blanche, puisque c'est la couleur la plus adaptée pour éloigner les influences négatives.

Rituel : avant d'allumer les bougies dans le cercle magique, l'officiant devra se relaxer et concentrer toutes ses forces sur un point imaginaire de lumière blanche. Ensuite, pendant qu'il allumera les bougies extérieures, il récitera les paroles suivantes :

Lumière de vie, lumière d'amour,
aide-moi dans ce rituel pour qu'il nous libère du mal.

La formule devra être répétée quatre fois, une pour chaque bougie allumée. Ensuite, on allumera les deux autres bougies placées sur l'autel, en répétant les mêmes paroles :

Lumière de vie, lumière d'amour,
aide-moi dans ce rituel pour qu'il nous libère du mal.

La phase suivante prévoit la consécration de la poudre d'achillée. Cette plante aux fleurs blanches est l'un des instruments avec lesquels il est possible de se défendre du mal. Si elle est bue sous forme d'infusion elle a des effets astringents, mais dans ce cas il convient de la consacrer puis de la brûler, pour que ses émanations se répandent dans la maison et la libèrent des influences maléfiques.

Pour la consécration l'officiant soulèvera le pot contenant l'herbe en poudre et prononcera les paroles suivantes :

Esprits du bien,
consacrez ces herbes d'achillée
pour que cette essence protège la maison
des influences maléfiques.

Le rituel se poursuit avec l'allumage de la poudre d'herbe grâce à une allumette en bois. L'officiant soulèvera de nouveau le récipient et marchera autour de la maison, se dirigeant vers l'est.

Avant de revenir au point de départ, il conviendra de répéter six fois la formule suivante :

Esprits du bien,
protégez cette maison et ses habitants
des influences maléfiques.
Que l'essence d'achillée
se répande dans toute la maison.
Que cette fumée blanche
dissipe les ténèbres.
Esprits du bien,
protégez cette maison à jamais,
et protégez-la du mal.
Amen.

Rituel pour favoriser l'harmonie à la maison

Éléments nécessaires : autant de bougies de couleur argent qu'il y a de pièces dans la maison, poudre de gui en abondance, de la chaux ou de la craie, allumettes en bois, une boussole.

Procédé : le lieu le plus adapté pour pratiquer ce rituel est la chambre à coucher principale, puisqu'il s'agit de la pièce dans laquelle se trouvent la plupart des énergies positives.

À l'aide de la boussole, l'officiant déterminera le point nord de la pièce, puis avec la chaux ou la craie, il dessinera un cercle à l'intérieur duquel il placera les bougies argentées (dont le nombre, nous le rappelons, doit correspondre au nombre de pièces de la maison).

Il tracera ensuite un triangle isocèle autour des bougies, avec la poudre de gui.

Rituel : l'officiant allumera les bougies et, en gardant une poignée de poudre de gui dans les deux mains, il se placera debout face à elles, le regard vers le nord. Il fermera les yeux pour se concentrer, respirera lentement, et essayera de transmettre toutes ses énergies mentales vers les mains, qui à leur tour les transmettront à la poudre de gui.

Après avoir atteint un degré de concentration maximal, l'officiant ouvrira les yeux, posera un instant le regard sur les bougies allumées et tournera lentement trois fois autour du cercle, tout en répétant les paroles suivantes :

Concorde et paix habiteront ici.

Une fois achevés les trois tours, l'officiant éparpillera autour des bougies la poudre qu'il tient dans la main droite en récitant la formule suivante :

Concorde désirée
règne dans ma maison
et dans tout mon être.
Blanche concorde,
viens dans ma chambre et souhaite-moi tout le bien.

Après avoir récité ces paroles, l'officiant mettra la poudre qu'il tient dans la main gauche sur les bougies et les éteindra. Cette cérémonie sera plus efficace si elle est répétée au début de chaque saison puisque de cette manière l'énergie positive apportée par la concorde se renouvellera constamment, sans jamais perdre sa force.

Les jours de la semaine les plus indiqués pour pratiquer le rituel sont les jours de fête et les heures les plus adaptées sont celles où il commence à faire sombre.

LES RITUELS POUR PROTÉGER LA MAISON DES CALAMITÉS MÉTÉOROLOGIQUES

Rituel pour protéger la maison de la foudre

Éléments nécessaires : un stylet, une bougie bleu clair courte et à base large, allumettes en bois, quatre pierres de forme arrondie et régulière, une boussole.

Procédé : avec le stylet on tracera un cercle autour de la maison et, sur le point correspondant au nord, on disposera trois pierres, l'une à côté de l'autre, en plaçant ensuite la quatrième dessus.

Sur celle-ci, sera ensuite placée la bougie bleu clair. Avant de l'allumer, l'officiant se placera le regard vers le nord.

Rituel : tout en regardant vers le ciel, l'officiant prononcera les paroles suivantes :

Ô Dieu de l'univers,
je t'invoque.
Dieu tout-puissant,
je t'implore.

Une fois l'invocation terminée, l'officiant allumera la bougie à l'aide d'une allumette en bois et récitera la formule suivante :

Que la lumière de cette bougie bleu clair,
te porte le message suivant :
ô Dieu des cieux,
protège cette maison de la foudre sauvage
qui tout détruit et rien ne crée.

Avant de terminer le rituel, et avant que la bougie se consume, l'officiant prendra le stylet et dira à haute voix :

Qu'il en soit ainsi !

Tout de suite après il plantera la pointe du stylet dans la bougie en l'éteignant.

RITUEL POUR PROTÉGER LA MAISON DU FEU

Éléments nécessaires : une bougie jaune, un pot avec de l'eau, de la poudre de citronnier en abondance, de la chaux ou de la craie, des allumettes en bois, une boussole.

Procédé : dans la chambre à coucher principale (puisqu'il s'agit de la pièce la plus riche en forces positives), l'officiant cherchera le nord à l'aide de la boussole et le marquera. Depuis ce point il tracera un cercle d'environ soixante centimètres de diamètre et à l'intérieur de celui-ci un autre cercle mesurant la moitié du premier. Au centre du plus petit cercle il placera le pot avec la bougie jaune et remplira ensuite l'intérieur des deux cercles avec la poudre de citronnier.

Rituel : l'officiant s'assiéra face au cercle dans la position la plus confortable, il fermera les yeux, respirera profondément et lentement de façon à atteindre une relaxation totale, et se concentrera sur le rituel à accomplir.

Une fois la concentration maximale atteinte, il ouvrira les yeux et accomplira quelques exercices de respiration en inspirant et expirant dix fois. Il récitera ensuite l'invocation suivante :

Ô Dieu de l'univers,
je t'invoque.
Dieu tout-puissant,
je t'implore.

L'officiant prendra ensuite une poignée de poudre de citronnier de l'intérieur des deux cercles et l'éparpillera sur le pot contenant de l'eau. La phase suivante prévoit l'allumage de la bougie en même temps que sont prononcées les paroles suivantes :

Que la lumière de cette bougie jaune
te porte le message suivant :
ô Dieu des cieux,
protège cette maison du feu sauvage qui détruit
et éloigne-le à jamais de cette demeure.

Enfin, l'officiant éteindra la bougie et de cette façon la maison sera protégée des éventuels dégâts provoqués par le feu. On conseille de répéter ce rituel une fois par an, à la fin du printemps, quand s'approche la saison des orages.

La cérémonie doit de préférence être effectuée le mardi à l'aube.

Rituel pour protéger la maison des inondations

Éléments nécessaires : une bougie bleu clair, des allumettes en bois, une petite bûche et des rameaux de bétulacée, de la chaux, une boussole.

Procédé : après avoir tracé à la chaux un cercle autour de la maison, l'officiant « plantera » à l'intérieur de celui-ci, en correspondance avec le point nord que la boussole aura permis de déterminer, la petite branche de bétulacée (il sera nécessaire de creuser un petit trou dans le sol) et les rameaux tout autour. Il placera enfin la bougie bleu clair sur le tronc de la bétulacée.

Rituel : le rituel commencera avec l'allumage de la bougie à l'aide d'une allumette en bois. L'officiant se placera ensuite vers le nord, le regard vers le ciel, et prononcera les paroles de consécration suivantes :

Ô Dieu de l'univers,
pour toi nous allumons cette bougie bleu clair;
pour qu'elle libère notre terre
des inondations et des calamités.

L'officiant devra alors allumer les rameaux de bétulacée qui à leur tour mettront le feu à la petite bûche dont les flammes entourant complètement la bougie la feront fondre dans un feu unique. Quand les flammes atteignent la bougie, il faut réciter l'invocation suivante :

Ô Dieu je t'invoque.
Dieu tout-puissant,
que ce feu rédempteur et le cercle dans lequel il se trouve
soient libérés de l'eau.
Protège cette maison de l'inondation,
c'est une faveur que nous te demandons avec ferveur et
dévotion.

LES RITUELS DE CÉLÉBRATION AVEC LES BOUGIES

LA CÉLÉBRATION DES FESTIVITÉS

Les rituels pour la célébration présentent certaines particularités qui les différencient des rituels d'invocation précédemment exposés.

La plupart de ces rituels appartiennent à une tradition ancienne.

De la façon dont ils sont pratiqués aujourd'hui, on peut dire qu'ils apparaissent comme l'adaptation d'anciens rituels magiques aux usages et aux mœurs imposés par les civilisations, les cultures et les croyances religieuses, qui se sont superposées aux rites primitifs.

Les rituels expliqués dans ce chapitre peuvent être considérés comme des exemples de cette transformation continue.

RITUEL POUR CÉLÉBRER LA FÊTE DE LA CHANDELEUR

La fête de la chandeleur, célébrée le 2 février, est à l'heure actuelle une fête chrétienne, mais en réalité son origine remonte aux civilisations précolombiennes où l'on invoquait la déesse de la fertilité et le dieu fécondateur. Le rite avait lieu grâce à une cérémonie célébrée par des sorciers, à laquelle assistaient également les plus éminents représentants de la tribu ; au cours de cette cérémonie, on demandait d'augmenter la fertilité de quelques personnalités de la caste dominante.

Éléments nécessaires : un autel, quatre récipients, de l'eau de mer, de la terre, quelque rameaux de romarin, une croix faite de rameaux de laurier, une bougie rouge, une boussole, de la chaux ou de la craie, des allumettes en bois. La présence de la personne qui doit bénéficier de la cérémonie est en outre nécessaire.

Procédé : on placera l'autel orienté vers le nord, au milieu duquel on placera la croix de laurier et la bougie ; à chaque angle on placera les récipients : à l'angle supérieur à droite, un récipient vide ; à l'angle inférieur à droite, un récipient contenant de l'eau de mer (on peut également utiliser de l'eau douce à laquelle on ajoute du sel) ; à l'angle inférieur gauche, un récipient contenant de la terre ; et à l'angle supérieur gauche, un récipient contenant le romarin. On dessinera ensuite un cercle avec la chaux ou la craie autour de l'autel.

Rituel : pour la cérémonie de consécration, l'officiant, depuis le centre du cercle et avec le regard tourné vers le nord, récitera les paroles suivantes :

Dieu tout-puissant,
je t'offre ce cercle de lumière
pour qu'il soit consacré
au rituel suivant.
Amen.

Ensuite, de l'autel, en face de la personne bénéficiaire de cette invocation, l'officiant prendra le récipient de l'angle supérieur droit, en récitant les paroles suivantes :

Ô Dieu tout-puissant,
je t'offre le symbole de l'air.
Amen.

Il reposera donc le récipient à sa place et prendra celui de l'angle inférieur droit, tout en récitant les paroles suivantes :

Ô Dieu tout-puissant,
je t'offre le symbole de l'eau.
Amen.

Il reposera le récipient à sa place et prendra celui de l'angle inférieur gauche en récitant la formule suivante :

Ô Dieu tout-puissant,
je t'offre le symbole de la terre.
Amen.

Après avoir posé le récipient, il prendra celui de l'angle supérieur gauche. Il mettra le feu aux rameaux de romarin avec une allumette en bois et, tenant le récipient des deux mains, il prononcera les paroles suivantes :

Ô Dieu tout-puissant,
je t'offre le symbole du feu.
Amen.

Une fois les quatre symboles des forces cosmiques consacrés, on allumera la bougie rouge avec une allumette en bois, en récitant les paroles suivantes :

Que cette bougie éclaire,
avec l'aide de Dieu ,
le processus de fertilité.
Amen.

Enfin, l'officiant soulèvera la croix de laurier et, pendant qu'il la donne à la personne pour laquelle le rituel a été célébré, il récitera la formule suivante :

Avec l'aide de Dieu,
que le pouvoir du cercle sacré se dirige vers
(citez le nom de la personne pour laquelle on célèbre
le rituel),
que la force de l'air, de l'eau, de la terre et du feu
converge vers
(citez le nom de la personne pour laquelle on célèbre
le rituel),
pour que la semence fleurisse et génère le fruit désiré.
Qu'il en soit ainsi.

Rituel pour célébrer la fête de la Toussaint

La célébration de la fête de la Toussaint remonte en réalité à des temps très anciens.

On peut dire que partout en Europe, la veille de la Toussaint, on allumait des feux pour célébrer différents rituels ayant des finalités variées selon les coutumes locales.

Par exemple, en Angleterre, on évidait des courges en plaçant ensuite à l'intérieur une bougie allumée « pour éloigner les mauvais esprits » ; cette tradition a été par la suite exportée aux États-Unis où elle est devenue la célèbre nuit d'Halloween.

Dans d'autres endroits, on allumait une bougie qui devait toujours rester allumée jusqu'à l'arrivée du printemps.

Selon d'autres traditions, on allumait des feux au sommet des collines afin de guider les esprits des personnes mortes au cours de l'année, sur le chemin vers le repos éternel.

Les Celtes anciens, qui considéraient la nuit de la Toussaint comme la fin de l'année, réunissaient le bétail à cette occasion, pour le mettre à l'abri en prévision du froid de l'hiver ; ils sacrifiaient en outre les brebis qui présentaient des tares ou avaient été victimes d'accidents ou de fractures pendant la descente des pâturages de la montagne vers la vallée.

Au cours de cette nuit, les magiciens se consacraient à leurs prières divinatoires et les sorciers célébraient leurs invocations et cérémonies rituelles.

La cérémonie suivante représente un acte de purification, de renouvellement spirituel et d'invocation du bien.

Éléments nécessaires : une pomme, un récipient contenant du cidre naturel, une bougie blanche ou argentée, des allumettes en bois, une boussole, de la chaux ou de la craie, un récipient avec des rameaux de gui, une couronne faite de rameaux de genévrier, un autel.

Procédé : la nuit du 1er novembre, il faut dresser un autel orienté au nord, au centre duquel on placera la bougie blanche ou argentée. Sur la gauche de celle-ci, on placera le récipient avec les rameaux de gui et du côté opposé la couronne de rameaux de genévrier ; dans la partie supérieure gauche, on placera la pomme et dans la partie supérieure droite, on placera le récipient contenant le cidre.

Avant de commencer le rituel, il convient de tracer à la chaux ou à la craie un cercle de douze mètres de diamètre autour de l'autel.

Rituel : il est nécessaire d'abord de consacrer le cercle. À cette fin, l'officiant, après s'être placé sur le point nord du cercle sans piétiner la ligne blanche, récitera les paroles suivantes :

Dieu tout-puissant,
je t'offre ce cercle de lumière
afin qu'il soit consacré
pour le rituel suivant.
Amen.

Après la consécration, il convient de passer à la purification du cercle. L'officiant se placera derrière l'autel et prendra le récipient avec les rameaux de gui, à l'aide d'une allumette en bois il y mettra le feu ; il soulèvera ensuite le récipient en récitant les paroles suivantes :

Ô Dieu de l'univers,
je t'invoque
afin que le pouvoir purificateur du feu
éloigne le mal
de ce cercle sacré.
Qu'il en soit ainsi.

On procédera ensuite à la consécration des différents éléments qui se trouvent sur l'autel. On consacrera en premier lieu la couronne de rameaux de genévrier en récitant la formule suivante :

Ô Dieu de l'univers,
je t'offre cette couronne
pour qu'elle soit consacrée
afin qu'elle protège celui qui la porte
afin que celui qui l'arbore renouvelle son esprit.
Qu'il en soit ainsi.

Immédiatement après, on procédera à la consécration de la pomme et du récipient contenant le cidre. L'officiant soulèvera la pomme de la main droite et le récipient de la main gauche en prononçant les paroles suivantes :

Voici les produits de la terre :
la pomme née de l'arbre de la vie,
et son fruit, transformé en boisson divine.
Ô Dieu de l'univers,
je t'offre les deux pour leur consécration.
Qu'il en soit ainsi.

Quand tous les éléments nécessaires au rituel seront bénis on pourra réciter l'invocation finale. L'officiant allumera la bougie blanche, bougie purificatrice, se coiffera de la couronne et récitera la formule suivante :

Ô Dieu de l'univers,
grâce à ton pouvoir je porte cette couronne,
afin que dans le jour de la fin du cycle
elle renouvelle sa force spirituelle.
Ô Dieu de l'univers,
grâce à ton pouvoir je mange cette pomme
et je bois ce cidre,
afin que dans le cycle à venir
ils renforcent ma force physique et mentale.
Qu'il en soit ainsi.

L'officiant mangera donc la pomme, boira le cidre du récipient et enterrera le trognon de la pomme au centre du cercle en complétant de cette façon le cycle naturel, puisqu'avec la graine qui retourne sous terre commence un nouveau cycle vital.

LA CÉLÉBRATION DES ÉQUINOXES ET DES SOLSTICES

La célébration des équinoxes commémore les deux jours de l'année où le soleil croise l'équateur céleste, quand le jour et la nuit ont la même durée. Les solstices correspondent par contre aux deux jours de l'année où le soleil atteint, dans son mouvement apparent, la distance maximale à l'équateur céleste. Le solstice d'été est marqué par le passage du soleil à travers le tropique du Cancer, celui d'hiver, par son passage à travers le tropique du Capricorne.

RITUEL POUR CÉLÉBRER L'ÉQUINOXE DE PRINTEMPS

L'équinoxe de printemps a lieu le 21 mars.

Par le passé, on le célébrait la nuit, en souhaitant la bienvenue au printemps, comme un remerciement pour avoir désormais dépassé l'hiver et pour l'arrivée d'une nouvelle saison où la nature offre ses premiers fruits.

Cette célébration était clairement associée à la fertilité, puisque cette période était considérée comme le moment le plus adapté pour procréer. Aussi la tradition de peindre des œufs (appelés par la suite œufs de Pâques) avec des couleurs et des symboles magiques, et de les utiliser comme des offrandes à la déesse de la fertilité, est une tradition antérieure à la célébration religieuse de Pâques, qui par la suite coïncidera avec le premier dimanche suivant l'équinoxe de printemps.

Éléments nécessaires : un autel, une boussole, de la chaux ou de la craie, une bougie jaune, des allumettes en bois, un récipient avec des tiges de lavande, une coupe ou un verre d'eau pure, un œuf dur, un rameau d'amandier (fleuri si possible).

Procédé : on placera la bougie jaune au centre de l'autel, le bol avec la lavande à gauche, la coupe d'eau à droite et l'œuf dur dans la partie supérieure au centre de l'autel.

Avec la chaux ou la craie on tracera un cercle autour de l'autel et à l'intérieur une étoile à cinq branches. L'une d'entre elles doit indiquer le nord et la distance de l'autel au sommet de chacune des branches ne devra pas être inférieure à deux mètres, ni supérieure à cinq.

Le rameau d'amandier servira de baguette de cérémonie, l'officiant doit le garder dans la main droite, et lorsqu'il n'est pas utilisé, il pourra être posé transversalement dans la partie inférieure de l'autel en dessous de la bougie.

Rituel : la première partie du rituel prévoit la consécration du cercle et de l'étoile. Pour cela, l'officiant se placera en correspondance avec la branche qui indique le nord et, en pointant la baguette de cérémonie vers le cercle, il récitera les paroles suivantes :

Ô Dieu de l'univers,
bénis ce cercle sacré
dont l'étoile marque le début d'une nouvelle vie.
Qu'en ton nom soit béni
tout ce qui se trouve dedans, et protégé.

La protection des cercles, présents dans la plupart des cérémonies d'invocations rituelles, est un élément de grande importance, puisqu'il sert à éviter d'éventuelles interférences qui pourraient diminuer – ou même annuler – les effets bénéfiques invoqués.

Pour cette raison, après avoir effectué la consécration du cercle, on peut procéder à celle des autres éléments et commencer la célébration en toute tranquillité, mais toujours avec la concentration appropriée et tout le respect qui s'impose.

L'officiant pourra maintenant bénir les différents objets.

Après avoir déposé la baguette sur la partie inférieure de l'autel, dans la position précédemment indiquée, il prendra la coupe contenant l'eau pure et récitera les paroles suivantes :

Ô Dieu de l'univers,
consacre cette coupe d'eau cristalline
provenant de la neige pure,
symbole de la transformation
de l'hiver en printemps.

On passera ensuite à la consécration de la lavande : l'officiant brûlera les tiges en les allumant avec une allumette en bois, et tout de suite après, il soulèvera le récipient en prononçant les paroles suivantes :

Ô Dieu de l'univers,
consacre ce récipient de lavande,
qui grâce au feu
verra tout ce qu'il contient purifié.

Avant de passer à la phase suivante qui consiste en la consécration de l'œuf dur, il est nécessaire de donner certaines précisions.

Nous rappelons tout d'abord que l'œuf peut être un œuf de poule (facile à trouver) ; mais l'idéal serait un œuf de dinde, l'animal rituel par excellence dans la célébration de l'équinoxe de printemps. En outre, l'œuf peut être décoré avec des formules magiques différentes (qui ne sont pas mentionnées ici car il s'agit d'un autre type de rituel), ou pourra être tout simplement coloré (de préférence en jaune). L'officiant le prendra dans la main et, en le soulevant, il prononcera les paroles suivantes :

Ô Dieu de l'univers,
consacre cet œuf,
symbole de fertilité,
que je t'offre
pour te remercier de ta bonté.

Après avoir ainsi consacré tous les objets, on allumera la bougie. Puis, en indiquant dans l'ordre l'œuf, le récipient avec les restes brûlés de la lavande et la coupe, il récitera les paroles suivantes :

Grâce au pouvoir qui m'a été conféré
j'ai consacré l'œuf, la lavande et la coupe.
Je veux offrir à Dieu mon remerciement,
afin qu'il m'octroie un nouveau cycle plein de bonheur
et le miracle de la fertilité.
Qu'il en soit ainsi.

L'officiant boira alors la coupe et ceux qui le souhaitent pourront partager avec lui l'œuf dur et l'eau consacrée.

Rituel pour célébrer le solstice d'été

Le solstice d'été a lieu le 21 juin. C'est une nuit magique par excellence, qui était autrefois célébrée dans différentes zones de la Méditerranée. C'était une nuit où l'on allumait de grands feux de camp, où l'on brûlait de vieux objets et où l'on dansait sans s'arrêter jusqu'au matin.

Selon la tradition méditerranéenne, le rituel devait être célébré en bord de mer ou en haut d'une falaise ; selon les populations des montagnes et des vallées de l'Europe centrale, le lieu idéal pour pratiquer cette cérémonie était par contre la partie la plus profonde d'un bois ou d'une forêt, c'est-à-dire un endroit solitaire et à l'abri des regards indiscrets.

Cette cérémonie était célébrée traditionnellement à la clarté de la lune, à minuit, et les participants devaient être nus (ou bien couverts d'une tunique de préférence dorée).

Ce rituel symbolisait la renaissance et la force du soleil qui, à l'aurore, donne sa puissance aux participants, en augmentant leur énergie vitale, nécessaire pour continuer la lutte de la vie.

Autrefois, les magiciens et les sorciers, qui avaient l'habitude d'utiliser différents types d'herbes pour leurs imprécations, allaient les chercher dans les bois au cours de cette même nuit, parce que c'était le moment où leurs effluves étaient censés être plus forts et plus efficaces.

Élements nécessaires : bois, allumettes en bois, une boussole, une bougie dorée, une branche de chêne, un bol avec de l'herbe de dent-de-lion, une clochette, une coupe ou un verre de bière, un autel.

Procédé : avec le bois on fait quatre feux de camp, chacun dans la direction d'un des quatre points cardinaux, séparés entre eux par une distance d'au moins quatre mètres. Entre un tas de bois et l'autre on formera quatre tas plus petits. Dans ce cas, le cercle magique sera constitué par les feux et il ne sera plus nécessaire, par conséquent, d'avoir recours à la craie ou à la chaux.

Au centre du cercle magique on dressera un autel, formé d'une pierre plate supportée par deux autres pierres qui constitueront le support.

On disposera ensuite sur l'autel les différents éléments nécessaires à la cérémonie : la bougie dorée au milieu, avec la clochette à côté ; l'officiant devra prendre le rameau de chêne dans la main droite et, lorsqu'il n'est pas utilisé, il devra le déposer longitudinalement dans la partie inférieure de l'autel en dessous de la bougie ; dans la partie supérieure de l'autel on placera la coupe de bière à droite et le bol avec le pissenlit à gauche.

Rituel : comme pour toutes les cérémonies de célébration, le rituel commence par la consécration des différents éléments utilisés.

On mettra tout d'abord le feu au tas de bois placé au nord, avec les allumettes en bois, puis à tous les autres, suivant le sens des aiguilles d'une montre. Pour chaque opération d'allumage, l'officiant prononcera les paroles suivantes :

Ô Dieu de l'univers,
bénis ce feu sacré
dont la lumière et la chaleur sont les enfants.
Qu'en ton nom soit béni le cercle de feu
afin qu'il protège ce rituel que nous célébrons en ton honneur.

Les assistants qui voudraient participer à la cérémonie devront se placer à l'intérieur du cercle, le regard tourné vers l'extérieur.

Une fois que la consécration du cercle de feu et de ceux qui se trouvent dans son périmètre a eu lieu, on pourra procéder à celle des différents éléments, pour passer ensuite à la véritable célébration.

Pour bénir les différents objets, l'officiant déposera la baguette sur la partie inférieure de l'autel (dans la position décrite précédemment) et soulèvera d'abord la coupe de bière dont la consécration se fera à l'aide des paroles suivantes :

Ô Dieu de l'univers,
consacre cette coupe d'eau d'orge
que la nature nous offre,
symbole de pouvoir et de force divine.

Vient ensuite la consécration du bol de dent-de-lion. L'officiant mettra le feu à l'herbe avec une allumette en bois, il soulèvera le bol en prononçant les paroles suivantes :

Ô Dieu de l'univers,
consacre ce bol de dent-de-lion,
dont le feu purifie cet autel,
et tout ce qui se trouve dessus.

Pour consacrer la clochette, l'officiant la soulèvera, la laissera tinter une seule fois et prononcera l'invocation suivante :

Ô Dieu de l'univers,
consacre cette clochette,
symbole de ton pouvoir infini,
que je lève en ton honneur.

Après avoir béni tous les objets, on peut passer à l'allumage de la bougie. L'officiant prendra à nouveau la baguette de cérémonie dans une main et la clochette dans l'autre ; il fera tinter une fois cette dernière, la reposera ensuite à sa place et, en soulevant la coupe de bière, il prononcera les paroles suivantes :

Ô grand Dieu tout-puissant et omniprésent,
grâce au pouvoir que tu m'as donné,
en levant cette coupe je trinque.
En ton honneur je prononce les louanges suivantes :
(en s'agenouillant)
Ta force est la chaleur.
Ta force est la lumière.
Ton pouvoir crée et détruit.
Garde-nous à tes côtés,
aide-nous à suivre ton chemin
et envoie-nous toute ta lumière et toute ta force.

L'officiant boira donc la coupe et, s'ils le désirent, les autres participants pourront partager avec lui son contenu.

Rituel pour célébrer l'équinoxe d'automne

L'équinoxe d'automne a lieu le 23 septembre. Le rituel correspondant se célébrait après la récolte, pour remercier la nature des bienfaits qu'elle nous avait accordés.

Après les dernières récoltes, on se préparait à l'arrivée de l'hiver, une saison froide qui par le passé était synonyme de pauvreté et de difficultés. Puisqu'elle symbolise la fin d'un cycle, la cérémonie de renouvellement de la vie devait passer à travers la mort pour pouvoir renaître ; en d'autres termes, celle-ci représentait également le rite du retour à la vie après être passé à travers la mort.

Avec la mort de la nature, le cycle recommencerait au printemps.

Éléments nécessaires : un autel, une boussole, un bol avec de la myrrhe, une bougie noire, une coupe de vin, des épis de blé, une grappe de raisin, des allumettes en bois, de la chaux ou de la craie.

Procédé : on dressera un autel orienté au nord et, avec la chaux ou la craie, on tracera tout autour un cercle d'environ trois mètres de diamètre.

On disposera ensuite sur l'autel les éléments suivants : en haut à droite la grappe de raisin, en bas à droite les épis de blé, au centre la bougie noire, en bas à gauche le bol avec la myrrhe et en haut à gauche la coupe de vin.

La disposition des différents éléments sur l'autel est très importante puisque ce sera l'ordre de consécration de chacun d'entre eux.

Rituel : le rituel commence par la consécration du cercle sacré. L'officiant se placera à l'intérieur, à proximité du point qui indique le nord, et récitera les paroles suivantes :

Ô Dieu tout-puissant qui guide nos vies,
consacre ce cercle magique,
aide-nous dans cette invocation
et permets-nous de la célébrer avec toi.
Amen.

On procédera ensuite à la consécration des différents éléments à utiliser pour le rituel.

En suivant l'ordre dans lequel ils ont été placés sur l'autel, on prendra en premier la grappe de raisin avec les deux mains, et en la soulevant on récitera l'invocation suivante :

Ô Dieu de l'univers,
consacre et bénis cet aliment
et accepte-le comme une offrande.

On remettra alors la grappe à sa place, et on prendra les épis en prononçant les paroles suivantes :

Ô Dieu de l'univers,
consacre et bénis cet aliment
et accepte-le comme une offrande.

La phase suivante prévoit la consécration du bol avec la myrrhe. L'officiant mettra tout d'abord le feu à la myrrhe avec une allumette en bois, et saisira ensuite le bol avec les deux mains et, en le soulevant, il récitera les paroles suivantes :

Ô Dieu,
que cette myrrhe purificatrice
nettoie l'intérieur du cercle
et tout ce qui se trouve autour.
Consacre également cet élément
qui restitue à l'air ce qui fut air.

Pour terminer la consécration, on soulèvera avec les deux mains la coupe de vin et on récitera la formule suivante :

Ô Dieu tout-puissant,
bénis cette coupe de vin,
fruit de la vigne.
Je la consacre en ton honneur
et en ton honneur je la bénis

On allumera enfin la bougie noire en récitant les paroles suivantes :

Ô Dieu tout-puissant,
que la force de cette lumière nous guide.
Libère-nous des ténèbres,
permets-nous de voir le chemin que nous entreprenons,
et ramène-nous à la lumière d'une renaissance éternelle.
Amen !

Rituel pour célébrer le solstice d'hiver

Le solstice d'hiver a lieu le 22 décembre, date correspondant à la nuit la plus longue de l'année.

Comme c'est le cas pour les autres célébrations, la fête du solstice d'hiver a été caractérisée par des usages rituels, des croyances et des coutumes anciennes qui furent par la suite adoptés par la religion chrétienne.

On peut par exemple rappeler la tradition qui consiste à abattre un arbre et le décorer, ou pendre des rameaux de gui, ou encore brûler des bûches. Cette dernière est une coutume très ancienne qui remonte au temps où l'on allumait des feux pour adorer le soleil et, en même temps, pour lui donner de la force (dans ce sens, nous pourrons la définir comme une cérémonie d'aide, puisque le soleil de décembre est le plus faible).

Ces feux, qui au début étaient allumés à l'extérieur, furent transférés par la suite à l'intérieur des maisons et l'on commença alors à ne brûler qu'une partie du tronc (de chêne ou de pin).

L'action de brûler le tronc d'arbre représentait la force qui donnait son pouvoir au soleil et, en même temps, symbolisait la renaissance de cet astre principal. À cette époque on croyait qu'en éparpillant sur les champs les cendres du tronc brûlé au cours de la célébration, on pouvait assurer un renouvellement total de la terre et par conséquent une récolte abondante.

De même, on dit que la coutume de couper un arbre et de le décorer provient d'une ancienne tradition d'Europe centrale qui permettait de représenter l'arbre de la vie avec des décorations qui symbolisaient les planètes de la voûte céleste (selon une autre croyance, les décorations représentaient les âmes des personnes mortes au cours de l'année et dont la flamme restait allumée en leur souvenir).

Éléments nécessaires : une bougie blanche, une noire, une rouge et une verte, un bol avec de l'eau, un autre avec du vin et un dernier avec de la bière, de la craie ou de la chaux, une boussole, un bol d'encens, du bois de chêne ou de pin, des allumettes en bois.

Procédé : s'agissant du dernier rituel de cette série, le cercle magique tracé à la chaux ou à la craie devra être le plus grand, avec un diamètre de douze mètres (un pour chaque mois de l'année).

Le long du tracé du cercle on indiquera les quatre points cardinaux, en disposant sur chacun un petit tas d'encens.

Au centre du cercle on placera l'autel et, en face, les bûches de chêne ou de pin ; sur l'autel, de gauche à droite, on déposera les bols avec l'eau, la bière et le vin ; dans la partie centrale, on placera de façon à former un losange indiquant les quatre points cardinaux, la bougie blanche (nord), la noire (sud), la rouge (ouest) et la verte (est). Au centre de l'autel, entre les quatre bougies, on mettra enfin le bol avec le reste de l'encens.

Rituel : pour procéder à la consécration du cercle, l'officiant se placera en correspondance du nord, mettra le feu à l'encens et répétera ensuite la même opération pour les points est, sud et ouest (en suivant scrupuleusement cet ordre).

Il reviendra alors sur le point nord et, là, récitera les paroles suivantes :

Ô Dieu,
en ton honneur je te demande
de consacrer ce cercle,
signe sacré de ton pouvoir.
Dieu de l'univers,
que ces quatre flammes nous protègent et nous aident
dans le rituel que nous allons célébrer.

Quand les flammes seront éteintes, l'officiant se dirigera vers le bois placé face à l'autel, y mettra le feu et récitera la formule suivante :

Dieu de l'univers,
que ce feu sacré
éclaire nos actions.
Qu'il en soit ainsi.

L'officiant se placera alors derrière l'autel et procédera à la bénédiction de tous les éléments nécessaires au rituel. En soulevant le bol contenant l'eau, il récitera les paroles suivantes :

Ô Dieu de l'univers,
bénis cette eau,
symbole du ciel
et source de la nature.

Après avoir reposé le bol à sa place, il prendra celui contenant de la bière et prononcera à haute voix :

Ô Dieu de l'univers,
bénis cette eau d'orge,
que la nature nous offre,
symbole du pouvoir et de la force divine.

On passera ensuite à celui contenant le vin en récitant la formule suivante :

Ô Dieu de l'univers,
bénis cette coupe de vin,
fruit de la vigne,
qu'en ton honneur je te consacre.

Une fois bénis les éléments liquides, l'officiant allumera les quatre bougies : d'abord la blanche, ensuite la noire, la rouge et enfin la verte. Entre-temps il récitera les paroles suivantes :

Ô Dieu de l'univers,
que la lumière de ces bougies nous guide,
purifie nos esprits,
nous libère des ténèbres,
nous donne la force
et nous permette de renaître.
Qu'il en soit ainsi.

Pour conclure le rituel, l'officiant allumera l'encens dans le bol et récitera la formule finale :

Ô Dieu tout-puissant,
reçois notre gratitude
pour tous les dons
que tu nous as octroyés.
Ô Dieu de l'univers,
accepte cette offre
comme signe de dévotion.
Protège-nous du mal
et permets-nous de renouveler le cycle de la vie.
Amen !

D'AUTRES RITUELS

Au cours de l'histoire, dans les différentes cultures et traditions, on a utilisé des implorations, des potions, des philtres et une grande variété de moyens pour pratiquer les rites d'amour.

Selon la tradition gitane, pour attirer un homme ou une femme dans une fin amoureuse, il fallait planter de l'ail retourné et l'arroser ensuite sous les rayons de la lune pendant sept nuits, en attendant la première nuit de pleine lune pour réciter une conjuration qui associait la croissance de la plante à la naissance de l'amour entre l'homme et la femme.

Un autre rituel ancien, assez insolite, utilisait les bougies. Il fallait écrire le nom de la personne aimée sur un papier rose avec lequel on enveloppait une bougie de la même couleur. Quand on allumait la bougie, la flamme brûlait également la feuille de papier et, paraît-il, ce système fonctionnait.

Selon une autre tradition gitane, pour conquérir l'amour d'une femme, l'homme devait se rendre dans un bois une nuit de pleine lune et couper deux rameaux qui avaient poussé en tresse ; pendant cette même nuit, à la clarté de la lune, il devait allumer un feu et, après avoir récité une formule magique, il devait cracher sur les rameaux et les laisser entre les flammes tandis qu'il prononçait le nom de la femme aimée.

Rituel pour attirer la femme aimée

Éléments nécessaires : une bougie rose, des allumettes en bois, une coupe de vin doux, des épices (trois au choix), une cuillère en argent, un autel.

Procédé : on disposera sur l'autel les épices choisies (par exemple des clous de girofle, du poivre et du safran) à l'extrémité supérieure gauche, la coupe de vin doux à l'extrémité supérieure droite et la bougie au centre.

Rituel : l'homme qui désire pratiquer ce rituel doit tout d'abord se concentrer pour libérer son esprit et son corps de tout signe de tension, pour imaginer ensuite le visage de la femme aimée.

Il ouvrira alors les yeux, mettra une petite quantité de chacune des trois épices dans la coupe de vin et mélangera le tout avec la cuillère en argent tandis qu'il récitera les paroles suivantes :

Au nom de l'amour,
que ces épices
unies avec le vin
produisent l'effet désiré.

Ensuite il prendra une allumette en bois, allumera la bougie et prononcera à haute voix les paroles suivantes :

Que la force de ces épices,
le pouvoir de ce vin
et la lumière de cette bougie
produisent l'effet désiré
afin que je puisse m'unir à l'être aimé.

Pour conclure, il boira le vin avec les épices en trois gorgées.

Rituel pour attirer l'homme aimé

Éléments nécessaires : une bougie rouge, des allumettes en bois, une coupe de vin sec, des épices (trois au choix), une cuillère en argent, un autel.

Procédé : on placera sur l'autel les trois épices choisies (par exemple la cannelle, le gingembre et la noix de muscade) à l'extrémité supérieure gauche, la coupe de vin sec à l'extrémité supérieure droite et la bougie rouge au milieu.

Rituel : la femme qui désire pratiquer ce rituel devra tout d'abord se concentrer pour libérer l'esprit et le corps de tout signe de tension, en imaginant ensuite le visage de l'homme aimé.

Elle ouvrira alors les yeux, mettra une petite quantité de chacune des trois épices dans la coupe de vin et mélangera le tout avec la cuillère en argent tandis qu'elle récitera les paroles suivantes :

Au nom de l'amour,
que ces épices
unies avec le vin
produisent l'effet désiré.

Elle prendra ensuite une allumette en bois, allumera la bougie et prononcera à haute voix les paroles suivantes :

Que la force de ces épices,
le pouvoir de ce vin
et la lumière de cette bougie
produisent l'effet désiré
afin que je puisse m'unir à l'être aimé.

Pour conclure, elle boira le vin avec les épices en trois gorgées.

Rituel pour obtenir des biens matériels

Le désir d'obtenir des gains, des richesses et des biens matériels est certainement né avec l'homme.

À l'origine, de nombreux rituels prévoyaient des sacrifices d'animaux et parfois même des sacrifices humains, pour apaiser la colère des dieux. Au fil du temps, le recours aux conjurations et aux rituels de demande, dont certains ont déjà été expliqués dans les pages précédentes, s'est de plus en plus répandu.

Après avoir expérimenté avec succès les premières techniques agricoles et de chasse, l'homme, au cours de ce qui a été défini comme « processus de sédentarisation », a cessé de se déplacer continûment à la recherche de nourriture pour s'établir dans un endroit bien déterminé.

Ce processus de sédentarisation engendra la nécessité de cumuler des possessions (plus les terres étaient étendues, plus abondante était la récolte), des femmes (plus nombreuses étaient les femmes d'autant plus nombreux seraient les enfants disponibles pour travailler la terre).

À partir de là, le désir de l'homme de posséder de plus en plus de biens matériels n'a cessé de croître et, aujourd'hui, avec la loi de la consommation, trouve son apogée et il est rare de pouvoir se soustraire à cette règle. Il est toutefois conseillé de ne pas abuser de ces invocations ; il faut toujours demander des éléments, des objets ou des biens matériels réellement nécessaires et indispensables, puisque, dans le cas contraire, le rituel pourrait se révéler contre-productif.

Après ces avertissements nécessaires, il convient de préciser que ce que l'on peut demander n'est pas autant le bien matériel en soi que les opportunités afin que, par le biais de l'effort individuel, ce bien puisse être acquis ou prêté par une connaissance ou un membre de la famille.

Éléments nécessaires : une photographie ou un dessin du bien matériel demandé, une bougie marron, une branche de genévrier, des allumettes en bois, un autel.

Procédé : on dépose sur l'autel la branche de genévrier en haut à gauche, la photographie ou le dessin en haut à droite et la bougie marron au centre.

Rituel : la personne qui désire pratiquer ce rituel devra d'abord libérer son esprit et son corps de tout signe de tension. Elle se concentrera ensuite sur l'image placée sur l'autel et, prenant la branche de genévrier avec la main gauche, récitera les paroles suivantes :

Ô Dieu,
bénis cette branche de genévrier
pour qu'elle m'aide à obtenir
ce que maintenant je vais te demander.

On allumera ensuite la bougie à l'aide d'une allumette en bois et on récitera la formule suivante :

Ô Dieu,
que la lumière de cette bougie
guide ma demande
pour qu'elle m'aide à obtenir
ce à quoi maintenant je penserai.

Pour terminer, on laissera brûler le dessin ou la photographie à la flamme de la bougie en prononçant à haute voix ce que l'on désire.

Rituel pour obtenir des biens spirituels

Il faut dire, tout d'abord, que les biens spirituels n'existent pas en tant que tels, matériellement. Ce qui par contre existe, à des niveaux plus ou moins élevés, c'est la spiritualité, l'intime sentiment de communion avec le divin, que l'on obtient à travers la paix intérieure, la connaissance ou l'exploration continue de son propre ego.

Il est évident que dans ce cas une simple invocation ne peut faire que très peu. Il s'agit donc de combiner le désir d'atteindre la paix spirituelle avec un travail de méditation beaucoup plus profond à travers l'étude de diverses philosophies, comme instruments, pour trouver le chemin que chacun considère le plus approprié. Toutefois, afin de favoriser ce parcours individuel, il peut être utile d'avoir recours à un rituel qui se pratique avec les bougies argentées.

Éléments nécessaires : cinq bougies de couleur argent, une boussole, des allumettes en bois, un autel.

Procédé : on placera les cinq bougies argentées au milieu de l'autel, à une distance d'environ cinquante centimètres l'une de l'autre, en plaçant l'une en correspondance avec le nord, les quatre autres de telle façon qu'elles forment un pentagone.

Rituel : on allumera tout d'abord la bougie placée dans le point correspondant au nord, en prononçant les paroles suivantes :

Ô Dieu ,
je t'invoque pour que tu éclaires mon chemin.

On allumera ensuite les quatre autres bougies et on récitera l'invocation finale :

Que ces bougies servent de guide
pour ceux qui comme moi
désirent atteindre une spiritualité absolue.
Ô Dieu,
éclaire mon chemin
et garde en vie ma flamme.

LA DIVINATION PAR LE BIAIS DES BOUGIES

Depuis que les hommes ont commencé à maîtriser le feu et à se réunir autour, au cours des premières cérémonies rituelles célébrées de l'espèce humaine, l'évolution du feu lui-même, ses formes capricieuses, ses différentes tonalités chromatiques et les braises qu'il générait commencèrent à intéresser les membres les plus curieux des tribus qui habitaient notre planète à cette époque-là.

À partir de ces groupes de « curieux » seraient nés des personnages considérés par la suite comme sorciers, chamans, etc. Le feu fut, sans aucun doute, l'un des premiers éléments dans lequel on commença à chercher des explications sur des événements inconnus, des prophéties, des aides pour guérir des personnes malades ; en somme, une réponse à toutes ces questions que seules quelques personnes étaient prêtes à comprendre.

Aujourd'hui encore, on peut observer des anciens rituels qui concernent essentiellement le feu, et il est très largement reconnu que des cultures de différentes parties du monde (des Égyptiens aux Mayas) sont basées sur le culte du soleil, principale source de chaleur, lumière et énergie, qu'ils dénommaient le « grand feu ».

Il n'est donc pas surprenant que le feu, considéré comme sacré par de nombreux peuples et tribus, ait été le centre de l'attention, le noyau autour duquel gravitait l'existence des hommes dès l'origine des temps, et qu'au moyen de celui-ci on ait tenté de fournir des réponses à tous les aspects inconnus qui se présentaient.

C'est justement à partir de l'observation de la flamme aux formes et aux couleurs multiples, que trouva son origine l'art qui est aujourd'hui connu comme étant l'art de la divination par le feu.

L'ORACLE DES BOUGIES

Le système actuel se base sur une double observation des bougies qui a donné lieu à deux arts divinatoires différents et en même temps complémentaires.

L'un des deux provient directement de l'ancienne observation du feu, et a pour objet la flamme ; l'autre est, par contre, basé sur l'observation des formes de la cire. En d'autres termes, en regardant tout simplement une bougie, les experts sont en mesure d'élaborer deux types d'interprétations, qui peuvent être complémentaires ou indépendants.

Il n'est pas possible d'expliquer en quelques pages tous les mécanismes du procédé adopté dans ces cas, mais il peut être intéressant de prendre en considération les fondements de cette méthode divinatoire particulière.

PRÉLIMINAIRES

Il convient d'abord de choisir une bougie dont la couleur corresponde au signe zodiacal du consultant, et de vérifier que le rituel soit effectué le jour correspondant à la couleur de la bougie.

Comme nous l'avons déjà dit précédemment, chacun des douze signes du Zodiaque est associé à une ou plusieurs couleurs (voir page 30), qui, à chaque fois, correspondent à un jour de la semaine, selon le schéma de la page 24.

Par exemple, une personne née sous le signe du Bélier doit pratiquer la cérémonie de divination en choisissant une bougie rouge et en célébrant le rite le mardi. Si la consultation de la bougie a par contre pour but de révéler les aspects et les projets d'une personne autre que celle qui célèbre le rituel, il faudra utiliser une bougie blanche.

Il est ensuite nécessaire de choisir le lieu adapté à la célébration du rituel : il devra s'agir d'un lieu fermé, à l'abri des courants d'air qui auraient pour effet de créer une interférence dans le processus de combustion de la bougie. Il faudra également que ce lieu soit libre d'odeurs ou d'éléments chimiques qui risqueraient de compromettre le résultat de la consultation.

Pour purifier le lieu choisi, on allumera un bâton d'encens et on le laissera brûler jusqu'à ce qu'il soit complètement consumé. L'encens n'est pas seulement un élément purificateur, il possède également la faculté de faciliter et de renforcer les contacts psychiques, les voyages astraux et les capacités divinatoires en général.

Après la purification, on placera sur la table de travail quatre bougies, chacune en correspondance avec les quatre points cardinaux. Ces bougies appelées bougies de cérémonie, devront être, si possible, de section triangulaire et de couleur argentée, puisqu'elles sont les plus indiquées pour favoriser le contact de la personne qui célèbre le rituel divinatoire avec les forces psychiques de l'environnement, et faciliteront les prédictions.

Par contre, on placera au centre la bougie dont la couleur correspond au signe zodiacal du consultant (ou bien blanche, si la consultation se fait pour une autre personne).

La relaxation constitue un autre préliminaire important, elle devra être totale, tant au niveau physique que spirituel. Une fois atteint le degré adéquat, l'officiant devra se concentrer sur l'objectif même de la cérémonie.

Cérémonie

Après avoir complété les préliminaires, on allumera les quatre bougies argentées avec les allumettes en bois, en commençant par celle qui indique le nord et en poursuivant dans le sens des aiguilles d'une montre.

Une fois cette opération achevée on prononcera l'invocation suivante :

Que le pouvoir de ces quatre bougies,
symboles des quatre éléments,
feu, terre, eau et air,
m'aide à trouver la réponse
à la demande que je formulerai.

LA DIVINATION PAR LA FLAMME

Ce système de divination est basé sur l'observation de la flamme de la bougie et, plus précisément, de la forme que celle-ci prend quelques instants après l'allumage, puisque c'est à ce moment-là que son interprétation est la plus directe. Il faut toutefois garder à l'esprit qu'il existe toujours le risque d'attribuer à la flamme des formes qui prennent leur origine dans l'imagination ou, mieux, dans l'inconscient de l'observateur. Dans ce cas, bien entendu, il n'est plus possible de parler d'interprétation.

PRÉLIMINAIRES

En premier lieu, l'officiant se concentrera pour se libérer des préoccupations et des problèmes, jusqu'à faire le vide dans son esprit. Les exercices de respiration sont particulièrement adaptés à cette fin.

Il s'agit de respirer profondément par le nez, en retenant le plus possible l'air dans les poumons et en expirant lentement par la bouche. Au fur et à mesure que l'on répète l'exercice d'inspiration-pause-expiration, la capacité de retenir la respiration augmente, le corps se relaxe et la concentration mentale en bénéficie. Cinq minutes de cet exercice sont suffisantes, s'il est pratiqué correctement et avec attention. On allumera alors la bougie avec une allumette en bois et on fermera les yeux.

CÉRÉMONIE

Avant de formuler la demande, il faut se concentrer sur celle-ci, ce qui est facile seulement si l'on a correctement exécuté les exercices de respiration.

La phase suivante prévoit de répéter quatre fois la demande, à intervalles de quinze secondes, en gardant les yeux fermés. On ouvrira les yeux quelques secondes et on fixera la forme et l'aspect de la flamme.

Il est possible de reformuler la demande, pourvu que l'on suive toujours le procédé décrit.

INTERPRÉTATION DES FIGURES

Pour avoir une idée approximative de la réponse de la bougie à la demande, il convient de consulter la liste suivante. Bien entendu, elle ne contient pas toutes les réponses possibles, aussi nombreuses que les questions que l'on peut poser, mais elle sera utile à l'officiant pour avoir une idée générale de l'interprétation.

Augmentation soudaine de la luminosité de la flamme : mauvais augure. Avis de danger, de mauvaise compagnie, de projets qui ne seront pas menés à bien. Solitude. Il convient de revoir les projets et de réfléchir de façon approfondie sur notre mode de vie, de pensée et d'action.

Crépitement sans étincelles : possibilité de problèmes ou d'imprévus de tout genre. En général : difficultés.

Pétillement : des fautes ou des erreurs d'évaluation qui retarderont les projets et les travaux. Ils peuvent aussi concerner des tiers.

Extinction imprévue de la flamme : ruine. De graves problèmes. Malheurs et accidents.

Mouvement de la flamme de droite à gauche : mauvais sort. Faillite des projets et échecs sentimentaux.

Mouvement de la flamme de gauche à droite : bonnes nouvelles. Situation favorable pour conquérir la personne aimée.

Mouvement de la flamme en zigzag : interruption des projets, des idées. Trahison de la part d'une connaissance ou même d'un ami.

Petite lumière sur la mèche : succès dans les projets déjà entrepris, ou que l'on est sur le point d'entreprendre. Prospérité. Des rentrées d'argent imprévues. Chance.

Allongement soudain de la flamme : succès dans les projets et en amour. Reconnaissance du travail réalisé.

Allongement et baisse soudains de la flamme : problèmes familiaux. Indique des hauts et des bas dans les rapports avec les autres. Si la situation personnelle est équilibrée, cela annonce des déséquilibres et vice versa.

Différents points de lumière sur la mèche : découvertes importantes. Une nouvelle phase de vie va commencer. Élargissement des connaissances et, probablement, du nombre des membres de la famille.

LA DIVINATION PAR LA CIRE

Ce moyen de divination est basé sur l'observation de la bougie et, plus précisément, sur la forme prise par la cire lorsque, peu après l'allumage, elle commence à couler le long de la bougie elle-même. Il s'agit d'une méthode de divination plus facile que la précédente, puisque la cire, une fois solidifiée, ne change pas de forme et peut être observée le temps nécessaire pour arriver à une interprétation. Par contre, le procédé divinatoire qui se produit entre la formulation d'une demande et l'obtention d'une réponse est plus long que le rituel de divination par la flamme. Nous rappelons, en outre, que pour interpréter correctement les figures qui se forment, il ne faut pas se contenter de prendre en compte la forme de la cire mais aussi la façon dont elle coule et comment elle coule.

PRÉLIMINAIRES

L'officiant se concentrera en premier lieu pour libérer son esprit des préoccupations et des problèmes. Il devra donc exécuter les mêmes exercices de respiration expliqués précédemment, ou bien d'autres susceptibles d'amener au même résultat.

On allumera donc la bougie avec une allumette en bois et, après l'avoir observée quelques instants, on fermera les yeux.

Cérémonie

Après s'être concentré sur la demande, on ouvrira les yeux et on formulera la demande à haute voix et une seule fois, en observant tout de suite après d'où coule la cire, comment elle coule, et quelle forme elle prend en coulant.

Interprétation des figures

Pour avoir une idée de la réponse de la bougie à la demande formulée, il convient de consulter la liste suivante après avoir posé la question et observé la cire.

Une goutte de cire qui tombe très rapidement vers la base : de bonnes nouvelles qui arriveront très rapidement.

Une grosse goutte qui se divise en tombant : signe de bon augure. La personne en question est stable et tranquille, tant du point de vue physique que spirituel et sentimental.

Une seule goutte qui tombe du côté droit : solution des problèmes. Réponses positives.

Une seule goutte qui tombe du côté gauche : la solution aux problèmes tarde à arriver. Réponse négative.

La goutte de cire change de direction en coulant : futur incertain. Les solutions aux problèmes n'arriveront peut-être pas ou alors en retard.

Plusieurs gouttes coulent en se réunissant par la suite : si elles coulent à droite on obtiendra l'aide de quelqu'un pour trouver la réponse aux questions que l'on se pose ; si elles coulent à gauche, on trouvera seul la solution aux questions en suspens.

Les gouttes ralentissent et s'unissent entre elles, avant d'arriver à la base : signe de bon augure. Solution rapide aux questions en suspens.

Les gouttes s'arrêtent momentanément avant d'arriver à la base : signe de mauvais augure. Personne indécise, irresponsable et incapable de résoudre les problèmes. Solutions difficiles.

LA DIVINATION PAR LES SÉDIMENTS DE CIRE

Cette dernière méthode de divination se base sur l'observation de la cire après la combustion complète de la bougie, c'est-à-dire une fois qu'elle s'est consumée et qu'elle est éteinte définitivement, en laissant à sa base des figures bien déterminées.

Ces restes sont connus sous des noms différents, mais celui que nous utiliserons ici est le plus simple et le plus clair : le sédiment de cire.

À ce propos, il convient de rappeler que, d'une part, l'art de la divination par la flamme ou la cire peut s'apprendre avec une certaine facilité, et, d'autre part, l'observation du sédiment de cire est certainement plus compliquée et difficile. Il s'agit en effet d'une méthode qui demande beaucoup de pratique, elle est beaucoup plus efficace lorsqu'elle est enseignée directement par une personne spécialisée dans cette technique.

Il est cependant assez difficile de trouver des personnes suffisamment préparées et disposées à enseigner cet art.

Dans tous les cas, nous rapportons les notions de base indispensables pour s'initier au long et difficile chemin de la divination par le sédiment de cire. Pour interpréter correctement les figures qui se créent, il convient de prendre en compte les formes, les symboles, les petites protubérances, les minuscules canaux de communication et les méandres formés par la cire quand la bougie se trouve dans la phase finale de combustion.

PRÉLIMINAIRES

Pour cette méthode divinatoire particulière, les dimensions de la bougie n'ont pas d'importance, même s'il est préférable d'utiliser une bougie de dimension réduite quand on dispose de peu de temps.

Dans le cas où l'on choisit, par contre, une bougie plutôt

grande, il faut garder à l'esprit que plus la quantité de cire restée à la base après la combustion sera abondante, plus les figures et les symboles à déchiffrer seront nombreux et par conséquent l'interprétation d'autant plus difficile.

Un autre élément important est la base qui constitue le support de la bougie. Il devra s'agir d'une base, non combustible, lisse, non poreuse, parfaitement plate, horizontale, et de préférence facile à nettoyer. Pour commencer, l'officiant devra se concentrer en exécutant les exercices de respiration déjà expliqués ou d'autres, conduisant au même résultat : la libération totale des problèmes physiques et mentaux.

Cérémonie

Après s'être concentré, l'officiant allumera la bougie à l'aide d'une allumette en bois et la laissera se consumer complètement. Nous rappelons que, pendant tout le processus de combustion de la bougie, il est important d'éviter les courants d'air.

Interprétation des figures

Dans le cas de la divination par les sédiments de cire, plus que pour toute autre méthode divinatoire, il est fondamental de considérer les indications fournies comme de simples notions de base et jamais comme des interprétations bien définies.

Sédiments de forme allongée : carence d'objectifs. Nécessité d'aide de la part d'autres personnes.

Sédiments en formes d'animaux : selon que l'animal est d'air, de mer ou de terre, la signification change. En général l'animal d'air annonce de bonnes nouvelles et des changements positifs ; celui de mer symbolise par contre des changements imminents tant dans l'amitié que dans le travail. Celui de terre confirme par contre la stabilité et de bonnes perspectives à long terme.

Sédiments de forme circulaire : situations indéfinies. Solutions à long terme et, dans tous les cas, grâce à l'intervention d'autres personnes.

Sédiments de forme carrée : succès dans le domaine sentimental.

Sédiments en formes de lettre : sans entrer dans les détails de ce que chaque lettre peut signifier, nous vous rappelons qu'en général une lettre renversée est signe de mauvais augure dans le domaine économique et dans celui du travail. Si, par contre, la lettre apparaît droite, l'interprétation dans les mêmes domaines est positive.

Sédiments de forme rectangulaire : aide inattendue. Elle peut être à caractère économique (cadeau ou donation) ou se présenter sous forme de conseils dans la sphère professionnelle.

Sédiments de forme semi-circulaire : problèmes. La personne en question se trouve dans un état de santé critique qui pourra cependant être amélioré si la base du demi-cercle est tournée vers le consultant.

COMMENT FABRIQUER SOI-MÊME SES BOUGIES

Dans les chapitres précédents nous avons parlé de la grande variété de bougies en vente dans les magasins spécialisés, où il est possible de trouver des modèles de toutes sortes, formes et couleurs. Cependant, certaines personnes préfèrent fabriquer personnellement les bougies à utiliser pour les différents rituels magiques.

Nous allons expliquer le procédé à suivre pour fabriquer soi-même les bougies. Ce procédé varie légèrement selon que l'on désire obtenir des bougies dites « normales » ou des bougies de pure cire d'abeille. Nous allons commencer par ces dernières, indispensables pour la célébration de rituels où l'on ne peut pas brûler de graisses animales (suif).

Éléments nécessaires : feuilles de cire, mèche, ciseaux. On trouve ce matériel chez les vendeurs de cire, les grossistes de miel ou les magasins de bricolage.

Procédé : à l'aide des ciseaux, on coupe une feuille de cire à la dimension désirée et on l'enroule autour de la mèche. On place alors la cire sur une surface lisse, on presse la mèche contre le côté court de la feuille de cire et on la roule autour ; il faudra maintenir la pression, et ensuite laisser reposer quelques instants.

La préparation de la bougie normale se fait par contre en suivant ce procédé :

Éléments nécessaires : bobèche en cuivre, fil métallique, cire vierge, bouilloire (en aluminium ou en cuivre), matériel pour la mèche, moule et paraffine. Tous ces éléments se trouvent facilement auprès des revendeurs de cire ou des magasins de bricolage.

Procédé : il convient tout d'abord de tresser les fils pour préparer la mèche, en insérant dans la partie centrale l'âme métallique et en faisant en sorte que le tout soit le plus compact possible (on peut également acheter une mèche déjà prête). L'une des deux extrémités de la mèche devra être fixée à la bobèche de cuivre qui devra à son tour être placée sur le fond du moule. À l'aide du fil métallique on centrera la mèche dans la partie supérieure du moule.

Afin d'éviter que la cire n'adhère au moule, il convient de traiter ce dernier avec de la silicone ou tout autre produit adhérant. S'il s'agit de moule jetable, cette opération est superflue, puisqu'une fois la bougie solidifiée, il suffira de couper le moule et de l'ouvrir.

À l'aide d'un couteau on prendra une quantité suffisante de paraffine que l'on placera dans la partie supérieure de la bouilloire double (si l'on ne dispose pas de cet outil, il conviendra de mettre la paraffine dans un grand récipient en aluminium placé à son tour dans un autre récipient contenant de l'eau en ébullition). Il convient maintenant de remplir à moitié la bouilloire inférieure avec de l'eau chaude, pour y plonger la partie supérieure contenant la paraffine, en veillant à ce que l'eau et la paraffine n'entrent pas en contact.

On ajoutera donc à la paraffine une quantité égale de cire d'abeille en plaçant la bouilloire sur la flamme pour que la cire et la paraffine se fondent et se mélangent.

C'est la phase du procédé au cours de laquelle on peut ajouter les huiles essentielles désirées, les plus indiquées pour la bougie que l'on est en train de préparer.

Pour obtenir une bougie colorée, on peut par contre utiliser la mine d'un crayon de couleur broyée.

Quand la cire sera parfumée et colorée on enlèvera la bouilloire du feu en versant lentement la cire liquide dans le moule (dans lequel on aura préalablement placé la mèche). Il convient de garder à part un peu de cire liquide pour remplir les cavités éventuelles qui pourraient se former pendant le processus de solidification de la bougie. On rappelle, en outre, qu'il ne faut pas démouler avant le complet séchage de la cire.

Outre les essences et la couleur, certains spécialistes en la matière ajoutent également des symboles magiques, c'est-à-dire des dessins ou des lettres d'alphabets anciens dotés de pouvoirs spéciaux contribuant à augmenter l'efficacité des cérémonies réalisées avec ces bougies. Il existe une infinité de symboles (étoiles, lune dans ses différentes phases, croix, triangles, cercles, chiffres, etc.) pouvant être gravés sur la bougie solidifiée à l'aide d'une pointe métallique chauffée ou d'une plume d'oiseau.

Maintenant la bougie est prête à être utilisée.

TABLE DES MATIÈRES

Achevé d'imprimer en janvier 2001
à Barcelone, Espagne,
sur les presses de Hurope, S. L.

Dépôt légal : janvier 2001
Numéro d'éditeur : 3732